林祖藻 主編

明清科考墨卷集

第三冊

卷七
卷八
卷九

LITERARY TIMES
蘭臺出版社

第三冊　卷七

子曰南人有言曰　三節　崇文高　瀾荻浦

聖人深戒無恒引方言而以經訓勉焉夫無恒之不能成事南人言之矣不恒而承羞人奈何不占恒文之辭而知所戒哉且夫日月久照四時久成聖人久於其道而天下化成久者恒也恒固人心所同然而一日不變者亦終身無漸焉故小之可以名一藝大之則有以應天下之務以享其榮名而奈何有恒者之不數數覯也夫子戒之矣以爲天下安有無恒之人哉性曰恒性心曰恒心有考祥而無性吝所謂恒以一德者此也人皆有恥心斯人皆有恒無恒也特不恒耳此其戒古聖人曾言之而吾且先引南人之言

論語

以為証南方之風氣尚柔似難期乎明作乃平居告語其託於勸戒之義者固已動無恒者之精神而使之一振南人以藝事為諫廷以儆夫小人乃微詞惕勵其著乎成敗之道者寔能返無恒者於迷途而迫以三思其言曰人而無恒不可以作巫醫斯言也抑（折落甚）何深思而遠慮耶抑何深切而著明耶善夫言者無罪聞者其足（警）戒矣何以世之人猶有蹈於恒卦九三所言不恒其德或承之羞者不息者為恒不貳者亦為恒古聖人水火工虞未嘗不紛其事（探源之論）然（情語）而紛其事者實未嘗紛其心也志一生其厭而德生於是乎不（收○警○緊○紀○更警）堅夫一己之德性猶不自重而謂人能重之乎六於陽則著其壯

子曰南人有言曰　高瀾（荻浦）

跳牽於柔則第其實升詰厲之集雖在執技之賤亦得褒以所不能玩易辭知熏心之屬不是過也聖人之情見乎辭而彼昏不知將何以提其耳矣不已音為恒不易者亦為恒古聖人射御書數未嘗不多其能然而多其能初未嘗多其心也立不易其方而神明於是乎無據夫一巳之神明且難自信而謂人能信之乎切之淩蕃在困利上之振蠢在死功尤悔之乘不止探術難精為委巷所竊笑觀易交知立心之擊曰外來也君子之居觀其有象而惟狂罔念殆欲以規為瑱矣不占而巳矣吁愧恥之心寧敢或忘惟無所監懲而不能德顯者并不能尊戒詬病之集正自難安惟無

所惕怵而不能邀榮者且不免招辱人其紬繹方言而進味於作
易憂患之旨無幾由不恒而逐之恒也哉否然恒德人所同有而
有何恒者之終不得見也

方言經訓本不平對文以下二節作主以方言作引起善夫不
收神理亦俱能透發爲正詞純斷推此種
一提有力後二偶含毫邈然　劇芾堂

子曰南　高

子曰禹吾無間然矣　何焯

聖人之于夏王一言而即定其為無間焉夫無間豈易言哉而夫子獨嘉夫禹也一言而即斷其若是矣若曰至矣哉人君之德業極于非常之盛則有係百世而不敝者豈特當時之臣民推服無異辭哉吾蓋于一中紹二帝之傳歷數開三代之始而穆然禹之為禹也適何洛者必曰平成之功不可及矣然此猶未觀禹于所易忽之紀文命者必曰聲教之遠無以過矣然此猶未見禹之莫與争也夫論贒者必方僅可以責之備而窺聖人之蘊則必無間之求使為當日者自恃以治而總治少形其滿假而胼手胝足之餘姑以天下委一人

焉吾得閒矣夫使禹當日皆自謂作人而政又少謝其克艱而成允成

字下○点　村不及皆承一中

功也後不復為天下通其變焉吾得閒矣聞非必其大賜釐朱年之

頂少形備候　覺謝進一層

不矜不伐徵變之而致招損也而禹尚無之一間亦非必其不及舉益

頂少謝克艱　人重唱透出下補

戒之無怠無荒偶處之而忘惠迪也而禹尚無之一焉為禹無惟精

其所以無間一

惟一常使道心為主人心聽命求其間于理欲之消長亦不可得也有

與有則自然克儉于家克勤于邦求其間于心跡之微毫亦不可得也

一篆收字

吾無間然矣

提一中字分太過不及二意作淺深四層照耀儉意求淵又收轉

中字禹字欲無間然收篇如一句精光奕然使文便用許多私心

子曰禹吾無間然矣（論語）　何焯

窺測豈不難爲聖人而

子曰禹　何

子曰禹吾無間然矣　敷文來嗣尹松亭

至聖無間、聖人神往於夏王焉夫以夫子求禹之間而卒無可間、夐哉禹乎宜子之獨深嘆想也且吾儕尚論必求其詳使懸一古人於此謂僅有間之可求焉則德已底於全矣然必并澗而無之而德庶臻乎其極哉夫子起望古之遐情撫盛王之絕軌乃不禁穆然于禹也曰禹之所處最易於有間即後之論禹亦最刻于求間者也處德降為功之日竭八年之瘁享四海之安勞逸分即憂樂互勝有大醇者安必其無小疵也值禪變為繼之時帝之運既終王之事乍留升降判即文質易偏有大功者安必其無小過也

西泠三刻三院會課　論語

惟然而禹深遠矣吾嘗下堯德無名舜治無為之後觀夏道而言
入聖之優吾更于湯德有慚武功有憾之餘溯姒王而嘆明德之
遽為吾無間然矣學術之有關也得失祇係乎一身至治體之間
則滋一代之弊端而并貽萬世之口實夫行事自謂無虧而無心
之缺失致乘間者之巧為附會三代下自此多故矣惟禹則泯衆
議于深宮易忽之時并息羣疑于嚮明共見之地斯大德不留一
眚而無間之體乃獨全常人之求間也瑕疵或徇于形迹至吾之
求間則考進世之度量而尤嚴律己之精神夫本體似覺無傷而
有意之彌縫或待得間者之曲為原諒千載下誰稱盡善乎惟禹

則有賢主之小心而不嫌清靜有爲主之大度而不廢修張斯百密勿有一疏而無間之願乃大慰蓋典謨始終千一欽欽則幾康時妙純一（抉透題心）所以無間也禹以惠廸者欽厥止以慎修者欽乃成故粹然無疵不啻逆料後世之推求而預爲之絛唐虞授受以一中中則危微自凜宵密所以無間也禹以祇台者執厥中以克艱者用其中致渾然至善夫固不待先事之補救而自極其純試爲之歷徵其事

精深高渾大雅不羣

子曰爲命　全章　月□□

子曰為命　全章　月

一命而衆長畢集、焉乎其所以為之也、盖鄭將搢為命以存其國、而可無慎乎、更四賢之、以後成、故夫子善之、今夫小國之所以事大國也、武備猶居其末、而文事寔擁其全、特恐人各負所長而不能協於一、指臂遠庶、叉自此始、寧非謀之不臧乎、子是以嘆春秋而有取于鄭之為命也、曰、古無以命存其國者、而鄭乃以命存其國、盖所以為之者、[illegible]與也、夫命自我為之[illegible]

寡也、為人謀[illegible]又不[illegible]求一時賢士君[illegible]

其所[illegible]而[illegible]助其所不逮[illegible]

也鄭有裨諶草，是賴謀諸邑則否，謀諸野則獲，性固有
天適為庸何傷斯時也大略已具而考核未悉亟須世叔之
矣蓋策秀而文惟子太叔熟於典故耳然既已稽諸古尤宜
以修飾之任寄諸子羽惟揮也官行人是以周知四國之為耳夫
然後進諸相臣不妨就東里私第加之潤色乃以成華國鉅觀相
臣者諸子產也固當世所稱博物君子者也而吾於此一略以識向
職為同寅協恭何功不就而以之事大自足以圖存一以戢相靡
為翕受敷施何績不熙而以之修文亦足以訓暴晉楚之强鄰蔑
典籍文章之效賢於甲兵鄭所以周旋兩大之間而四十餘年無

慈者命也夫所以為之者異也夫若夫文人學士之數各殊其音
而無自護其短思專其事而莫肯相資其不逮此四君子者遠甚矣
可以獨擅而為能善所為以辛國家哉
焦一浪墨時蹊昂首天外信筆卷舒一種高風逸致如姑射仙
人令人可望而不可即宜先大主試謂匡夫子與元作九嵩以隆
六吳青于

子曰爲命　全章　　名 李芳春

命不易修集衆長者善矣夫命之難爲鄭其尤矣自鄭謀以成於

是人咸宜爲善乎否耶上國家邦交之典非文詞不爲功者為

治見根源

其寔有敬慎不敗之精神寄於詞命之先况介居兩大使命綦繁

皆不敬慎所致

非可以専官奏最也不然而發言者莫執其咎秉政者競力於朝

不謂詞令之選也而命可知矣今夫命之爲也奚若　焉若先

王制爲聘問之禮俾大小諸邦咸昭輯睦後之人貞　猶相

辭擒起

見其屬思也深其考證也博語默合機宜而風采一

風度端神

之爲也綦重矣且文章之用至今日而已極六藝

中州墨卷鴻裁　山東

鄭國尤適當其難第以却一時之難則燭武弦高一人亦可寬以發句上比○規、格、爽、不、拖、人○

紛而欽其規模繩以典雅疇不失為儒者之度則才周殊不可

也但以備二境之爭則子駟子發救子亦堪以禦侮而言之短長

之輯洽疇動人以君子之思則未標固有在也蓋命非靜者不

敢謀創始之難也謀野而獲裨諶有專長矣乃若世叔子羽或熟

於掌故或周知四國而若者討論若者修飾何釐然不爽也抑又

之言之不文行之不遠雖衆國成而以潤色未遑者授之行人

乎東里子產近世博物君子也而命于是觀厥成矣今失朝於之

○要○○提○論○步○伐○森○然○

事衆人為之不如一人者違其才也衆人為之而如出一人者盡

所長也斥語係社稷之重則必深究乎亭之前後而協其宜當聽
書四出之日造次容多愆忌而卒能造辭為卒然則[illegible]制酌[illegible]潤
質而有文為彼發為啟疆者縱欲傲我以不知辭亦以無文而（全篇應從刪[illegible]）
早周乎層累曲折之數以彌其隙所以言之者無不達之意而聞
之者有加敬之禮集思萃衆人之長則必灼知其人之優絀而責
事夫懷才欲效之輩易地未必皆良而有人遠慮為有人覽前
訓識時變有節而有度為而身秉國鈞者又復出閱覽羣材成協（末二句另作尤頗好）
恭之雅而不勝其委曲鄭重之意以集其成所以悅服者以為
數世之禍而識時者以為無大國之兵鄭之為命蓋如此矣

甲午[illegible]鴻裁　山東　[illegible]

不之賢士大夫。乃或有之而不知所用。用之而或枅其材猝。諸侯之事。吾不知其命。視鄭之所為者何如也。

從先王制為聘問之禮。說到春秋文章之變。暨鄭國為命之難。然後列敘四賢。四賢之善。又從鄭國看出。歸到子產經營極矣。九妙開講。先已補出詞命本領。吳青于

子曰為命

江蘇丙宗師歲入元和縣學八名　胡廣

維鄭有詞聖人深念夫為之者焉夫鄭之賴有命也久矣而為之者寔難故夫子于鄭之為命而深念之嘗思六經掌于太祝則辭命之屬似非侯國之所得為也乃自五伯迭興一時辭命紛如而孱弱之國尤以文告為保邦之要焉則其所以講信脩睦者能不動人深念乎夫子有感于鄭之命而言曰盟會其日煩矣盟會煩則赴告亦煩鄰虞詐于強藩而措詞未當適足以召兵戎聘問而彌殷矣聘問殷則簡牘亦殷達恫恍于境外而立說未工亦足以增疑忌甚矣命之不易為也叮鄭尤有難焉者自六卿籌國以還族大寵多並之家

持已見以識其外則發言盈庭即執簡亦難于斡繹所謂謀夫孔多是用不集者能不為鄭之命慮也自子皮授政而後年少發朝往往力排群議以制于心故不待而對則獨斷尤難于參酌所謂禮義不愆諭人言者能不為鄭之命惜也乃吾觀于當日而極不忘其為之有夫大國難測有覦鬻于語言文字之間則雖陳犧牲于二竟而失禮之見譏者猶輕失辭之見陵者實烈也蓋通問而陳情疏略則示瑕浮夸則招忌要視為者之竊愼而後右洛左濟始克因尺素以生先邾小邦杞庇恒啓侮于寸牘單詞之內則雖為蒐除于國中而無備之貽患者猶後無文之貽禍者正速也蓋寓書而述言燕川鄰

子曰為命

江南李宗師科　入江陰一　湯采

聖人之取鄭命、知其有善於為者也、夫鄭以蕞爾國介在乎楚閒、非文辭不為功、而鄭克為之、夫子是以特嘉其命、昔夫子負上下千載之識、蓋嘗刪書矣、若典若謨若誓誥靡不有以識治亂之大原、厥後帝降而王、王降而霸、列邦盟會聿興、夫子又假春秋以絕時事、褒譏予奪、詳具於筆削、一書要之、典謨之文質、誓誥之文繁、盟會之言誣、而不足信、其大槩槩也、從來有以為命稱者、夫子之稱為命、則自鄭始、曷言乎有命也、當時列國諸侯相爭以兵、而猶相尚以禮、故守府之空文、亦足以卻爾敵也、而一時謀國大臣

（吐氣如虹）

（與冊誥等不亦混淆）

（原評：二比遡命所由來）

（命字看得鄭重）

本朝考卷　秦

於內治而尤謹於外交故簡書之內達亦聊以固吾圉也是故有不容已耳而在於鄭尤急（京評以下句句鄭事）夫鄭當宣平之世挾可勝之資而不知為善傳至武莊以後處漸衰之習而強以圖存蕭魚有會牽羊有莫國危矣無能為也矣（敘鄭甚閑）且晉楚諸大邦實逼處此惟期翦滅我疆宇焉斯即借援齊魯而遠交固難近甚易其何以濟於是思（落到本題命字）所以安社稷而庇人民者斷非命無由也雖然為命未易言也盖盟府之言奉先王之命謂世世無相害者何大國之不以德撫而（所以貴不亢）數來侵我也鄭之人聞而知懼此無難以片言折耳然可以一試（杰詳切當日時勢上下論方見為命不易）而不可以屢嘗也且施諸知禮之邦易以悍其威加諸逞武之刃

方以激其怨如是雖竭力為之奚益焉謹春秋之獻歟奔走之節習辭每以自為者惟與大國之辱收之而以撫策使也鄭之人聞而加怖此或可以畢詞動耳（所以貴不畢）然欲以尊人而徐以原己也且小邦有背城借一之勢發鄭或猜為有辭辱國惟乞盟衷請之誠大歟以識其無備如是雖盡智為之奚裨矣乃鄭獨四十餘年不被兵者惟命之力為多（激動下文）其為之也獨為之乎眾為之乎集議盈廷而不克幾於有成是猶築室道謀之智也命何以行諸四國也偏挾己長而藉以矜其獨斷（開合取下）是廢集思廣益之規也命何以斟酌悉當也自裨諶諸子為於先子產為於後吾故於鄭之命有深美也

炳炳麟麟。極得小題大做法。高次海

必如此方是鄭光爲命若泛泛用詞令語便是一通惡札矣 田協

嶼

子曰爲 湯

子曰為命　全章　一名趙東周

聖人有取於鄭之為命、善其能集衆長也、甚矣命之不可以苟也
合裨諶諸人之長而為之則善矣、故夫子深有取耳、若曰、以鄭之
不可以釋辭也。吾嘗於片言而見其利之溥矣。顧倉猝[illegible]以
出之一人而有餘從容以慎辭必合之衆才而乃足今而知立政

劇清本○題○渾括

任人之道固有寓諸講信修睦中者焉今夫鄭所難為蓋莫如命
矣承懿親之封王朝之體統斯在乃自莊以上競武功自簡以来
恃文事果何道而轄憚共昭贈答能貽數世之福當強鄰之偪伯
主唯釁隙是乘乃子駟以前重其幣子皮以後修吾詞果何道

呵○起○留○賓　又○為○命○斷○制○筆○力○屈○鐵　確○切

亢卑胥泯玉帛無煩二境之陳今開其為命固大有人在也維
禪諶非所稱適野而謀者與以獨獲之智而開衆善之先吾見其（洛頌老重）
大意畧畫而始基之已肇也則草創之有人矣亦越世叔非所稱
美秀而文者與以達禮之學而為定詞之資吾見其古昔必則而（偶句）
世事亦可參也則討論之有人矣由是而疵者以去美者以增有（二句準行）
其修飾之而取數乃不多而不寡也行人無失辭而周
羽寔稱其職矣由是而化陳為新易俚為雅有其潤色之而數言（簡而該）
乃文炳而文蔚也東里有君子而望隆博物子產寔要其成矣於（四句層遞總寫）
此知鄭之命有遞相為之者焉夫論歷聘之役則諸人皆稱傳詞

令而裨諶無其任自草創寄而群材於以分呈矣道斯道也斷事

開說　再足一層

之能可用簡子善言之與可重然明極之一才一藝無弗博採而

熱收也豈直如七子從君賦詩而各見其志於此知鄭之命有交

四句　交互平寫

相為之者爲夫論執政之權則諸人特聊贊末議而子產

對面說

至潤色得而衆美於以悉萃矣遵斯道也文如趙武莫詰其非修

如楚圍且服其禮極之斯愛斯傳皆徵得體而適用也豈猶若三

卿聚訟道謀而莫濟於成則鄭之所以為命其即鄭之所以為國

也與

從鄭重落為命四賢平列收歸善任選詞樹義渊停嶽峙元氣

渾然　吳青于

詁題之確，佳據之老，氣運渾渾，先生此刻博綜貫穿，根柢名論具出，而氣質樸茂，格律謹嚴，庶看前輩大家風力。闈中佳卷甚多，批閱數日，得此卷與月字二號卷，從之高簡勝謂小題華勝，月字號手場卷亦可附卷，惟此卷與……寄無賞之

子曰為命　全章　十名　謝嘉謨

詳於為命者、合衆善以觀厥成焉、夫命之所係亦極重矣、鄭本命、而四子成之其致謹為何如哉、春秋時鄭衰微矣。介在兩大幾難以為國矣吾夫子乃觀於聘問詞令之間而深得鄭重矜持之意（先題立案）曰國之安危豈不以命哉顧覽時勢以立言者視乎才而本敬慎（結胎）以庶採者視乎心吾觀乎鄭而知詞之不可以已也吾觀於鄭之為命而見言之難立也今日者鄭亦少息矣謂鄭寔有詞諸侯賴（鉤入懸中深警）之其可恃以無恐也是徒觀於辭懌之足風而未知其謀畫之盡（一筆飄開）善也且夫鄭之為命罔極難耳高則易以啟强大之釁卑則無

甲午墨卷清裁　山東　利卅二

靡無藝之求賴先君之福社稷之靈以無敗乃事也不有文臣（揭起）（臣盧）
以行遠不有人焉何以盡善哉則由醇美無疵之命以想群材八
任之功於時有裨諶者其人則老成也略舉夫朝聘會盟之儀疏（一篇警）
列夫幣帛圭璧之目為草創之蓋兢兢焉不敢以蹈諆貽咎也則
命之矣略具矣時則有世叔者其人則練達也考故府而上下等
殺之必辨溯典物而禮儀詳略之以明為討論之蓋翼翼乎不敢（股法變換）
以私見少參也則命之綜核精矣問諶修飾則子羽其人為見聞
行得好惡明為應對所將班位達為四國之為悉知尺牘之要而（俐諫俏）
達自此而受成相臣夫乃可載以俱行矣行人其官也至若潤色

則子産之責矣。如化物然。品彙參列。經時雨而發華滋。如經緯既分。錯藻釆而驚衆目。至此而情文蔗萸以傳物。而欲君子之文矣。東里則居也。小國持敬慎之誠。雖有強鄰不來問罪之使。故華寔並茂。疇敢掉以輕心。大臣躬敬慎之寔。凡百君子寧得辭。率以嘗故。偏全蕞收。不欲執夫己見。不然。以子産華國之才淹貫之學。名公鉅卿。聞可謂知名矣。而草創而討論而修飾。奚不可潛。而必以寄之裨諶。任之世叔。經子羽之手而後成之於己也。謂是量足容人。而才能器使也。而要其心。固謹之至也。噫。鄭之為命。豈不難哉。

（旁批：屬對自然。[illegible]敬○慎○意○以○東○[illegible]○情○神○圓○結○）

（旁批：護○中○寓○主○自○見○）

（旁批：反○掉○㪅○見○警○醒○）

從子產之敬脫胎。頂脉恰得。此則真種較題面潤色諸義。追進一層亦以敬字道理原自統該又不止為命一事也吳

于

子曰射不主皮　一節　方錢

春秋一尚力之世也聖人即射以望古焉夫以春秋而論射則不得不主皮矣然先王爲力不同科之意泯矣夫子能無望古而情深哉且天下事甚無樂乎追思往昔也追思往昔則其月前可知矣夫世運之有升降也固時爲之乃至以先王率人於德之術法莫良而意莫羨者及此身而遂若曠世焉即又烏能不感慨係之耶則如一射是已夫射則何必不以力行之哉蓋我先王以戎服致太平而牧野陳師之日桓桓貔虎厥奮軍容射取貫革所由來矣然其道固暫行之而必難以久也嗣是會朝清明之後散軍郊社其時偃武而獨脩

莆田金邑尊覆試一名

自怡齋考卷　莆田金邑尊覆試一名　諭諸

文于是乎貍首騶虞有其儀采蘋采蘩有其節舉天下之人而即假用力之具使之雍然式化于德焉其意固至今存也而獨不觀夫鄉射禮文乎其云射不主皮豈無為哉亦以人之秉質強與弱固殊科矣假令萃一世之人而共奮于貫革之一途則武健自喜者豈皆譽髦之選乎故當樹侯設鵠之時其強而貫革者亦何禁焉即不然而執跗決拾之無愆則亦足多也蓋國家昇平日久而偕天下以禮讓者此道得焉耳人之得氣剛與柔又殊科矣假令率當世之人而共競于貫革之一途則挽強自逞者豈皆有道之良乎故當耦進登降之會其剛而貫革者豈不尚焉即不然而志正體直之有合則亦足

取也蓋國家化理清明而式天下以廉爭者此道得焉耳則勿論朝會聘饗皆秩然有雍肅之儀而即此習射之會舉浮囂暴慢之習于斯遠也為人父者以為父鵠為人子者以為子鵠教孝教弟胥視此射中矣故庠序之中而射行焉而虎賁皆可脫劍而歌風也豈非疇昔之隆軌哉則不必尊尊親親皆藹然有忠厚之遺而即此教射之地而雍容大雅之風如可接也序賓以賢序賓以不侮選賢藻能胥視此射中矣故廟社之祭而射舉焉而子弟皆祈爾爵以辭養也豈非郅隆之雅化哉古之道也蒐苗獮狩四時有簡其軍實而後以飲社讀法之條陰消其頑梗之氣故周道百世而可思禮樂政刑四方

（包舉甚大）

（頗聆有神）

已服其綱紀而後有息蜡吹豳之樂明示以耀德之心故王道觀鄉而甚易柰何流及於今而此道竟不可復也

原評　蘊藉深厚直拱揖孟堅蔚宗之間古道可復作矣

寄慨意正自有無限粗豪者失之萎薾者亦失之此不以詞掩意故標格獨勝　陳紫馭先生

獨得此題正解感慨意于發端一喝以下不多贅詞崇論閎議振古爍今此太原之風規雲間之逸響也　程翼仲

射不

子曰射不　一節

江南鄭宗師歲試　句容縣學一名　李東櫰

聖人推禮射之意、思以古道化今人也、夫古非有惡於主皮、而觀德之時、不尚是也、遺文具在、撫時者盡深念之、且夫弧矢之利、先王非以力征經營天下也、其震之則以肅將天威、其偃之則曰我求懿德、不
原評朱子謂鄉射最習禮容入神清絕下只一氣流通
我周文公既作之頌、而復寓其意於鄉射之禮文、此在決拾之夫、不得反笑古之人名存而實去也、夫禮射之與武射較然殊矣、鄉射若
原評摹寫藝渾含不能名其境字纖細之妙
禮射也、藝不可以不閑、將萃比閭絃誦之家、而使游於父子君臣之鵠、不中恥也、獻爾發功、孰自甘於弗類、而事不同於講武、將化英才血氣之險、而使服乎容體節奏之安、貫革偶也、舍矢如破、不以序為
有異響

　

尤賢射不主皮之文所為載在禮經者誠以射期於中而力各有科
吾引之以其所必至而不束之以其所不能故天下無不可射之人
而人與其藝矣苟比而同之將持弓審固之儒終日射侯而虛陳其
頓折蓄洩
志而挽強蹶張之輩射則貫兮而競衒其奇懸此道以率先天下其
呂葉有神
毋乃唯力之是矜而無以觀德行乎而謂古之時其有是乎古之人
于前人說斷處與尔冲夷
不忘無事之處而亦不程絕世之勇初曷嘗陰其術以弱材武之民
而飲酒賓與期可進於載弁緣衣之地謀用是不作而兵由此寢其
恃此具乎古之人不賤雄出之姿而必養以和平之福政不惜寬其
塗以收廉讓之士而毋侮毋教俾自熟其比禮比樂之常出則克壯

子曰射不　一節　丁丑歲

金邑尊覆試首　林　楷
田監生一名

射不以力貴古道所以可思也夫力之不同科而必限以主皮是教天下以力也吾固知古道之所由隆者有在矣且生人所易逞者力也不可無道以柔之而不必別有以柔之也但使用力之地微示以意之所存使知力之不足貴而不得挾以自逞此善誘天下以不爭之化也夫世徒見先王以弧矢之利威天下將毋謂射之為道專在尚力也哉然亦惟用武之時不得已而始有取焉而至禮射之行於鄉也則又首取乎爾吾見夫采蘋采蘩之有其節也吾見夫當物及物之有其儀也益無非導斯世于和平之中而消其壯往之氣則射

之不以力訓也明甚今試讀其文有所云射不主皮之說而愈有以知先王之意之深且遠也蓋天下事有可為者有不可為者其可為者操弓挾矢之際必直吾體而正吾志此可求其能者也何也行成於習也其不可為者操弓挾矢之際必發有的而美如樹此不可強而至也何也力限於天也假而曰必主皮是不諒其力之出於天而不可強而惟以意為優絀也所以責人者已苛且以從容燕飲之地猶不忘較長角藝之程則尚力之澆風已自古人開之矣其道恐不可以終日此以知不主皮之意之深且遠也夫樹侯於百步之外而求其至而能中固非無力者所能與力亦何可盡廢且苟能貫革力

亦豈不足見長然先王以爲天下既無同科之力而吾必律之以主皮強者樂於見材弱者必廢而自逐無以鼓天下之力者其志猶小天下既知吾之所重在力而遂皆以力相加將不必有序賢之風不必有觀德之舉無以成天下之行者其憂方大是故因其力之不同也毋務以不同者強之但使將射之時容比於禮而節比於樂既射之後期於無憾而又期於無敖當是時雖有逾人之力亦無以誇於衆焉則雍容揖讓之美藹然於比閭鄉國間矣古之世所以俗鮮爭競而人人有君子長者之行者此道得也哉惜乎去古已遠予不獲親觀鄉射之盛周旋揖讓於其間也

金邑尊原評
大雅不能允推名作
陳紫馭老師評
筆意踈踈落落逈出塵埃之表

子曰射不　一節　　陳岱生

聖人觀射而思古道感時之意深矣夫世治則尚德世亂則尚力

觀禮射而古道不復夫子感時之意抑何深哉今夫際昇平之代

挽德力昔出治亂攸分関係不淺

則羣習于雍容揖讓之休而相尚以德處輓近之俗則共趨于競

能角勝之風而相矜以力儒者當輓近而遡昇平而覺天下事之

因時為升降也久矣深懷古者之寤思已一丘也俯仰近今非復文

武成康之舊追維疇昔不勝高曾矩矱之懷每致嘆于俗尚之逅

意在題先

還人心之不古也寧獨一射為然哉即以射論遊覽圖者咸矜發

的之能習澤宮者羣誇弋獲之技彼既挾而既張者曰惟力是視

耦進而耦退者曰惟力是視令天下遂成一尚力之世矣若此者徒以射為耀武之端而非習禮之地以射為見才之處而非觀德（徑今）之時既不明乎禮射之制又不白乎先王創制之心其奚以挽流（說到古是慨世深心）俗而維風尚乎乃吾讀鄉射禮文有云射不主皮非為其力之不同科哉凡力之強弱原于天天之所定人不得而強之先王本天以立法而操弓挾矢之間依然玉帛俎豆之唯馴強者不見優弱者不見絀而凌競之習以泯力之勇怯本乎性性之所成習不得而矯之先王因性以議禮而懸弧尚括之際無異媚睦親遜之風則勇者無所矜其長怯者無所形其短而中和之化以成遐想其

時天子投戈而訪道大臣北面以陳書庶司執事起而敦序賢崇頌揚

波瀾追真西京文字

讓之儀父老子弟目不覩干戈兵革之苦猗歟休哉伊何風之隆

乎其在四海求清歸馬放牛之日乎吾于是嘆古道之善而知先

王立法之心至深且遠也古先王欲請一世兵刑之氣故以是道

培八百國之人心今何時乎樹鏃鼓鶻者非猶夫比禮而比樂也

思古傷今悽然欲

決拾審固者非猶夫同和而同節也戰鬬之俗成幾何不以昭代

絕

隆規竟等于黃農之既沒也哉古先王欲杜後人黷武之漸故以

是道與三十世之河山今何時乎西郊多壘莫睹辟雍鐘鼓之遺

疆埸告儆孰識西京文物之盛武健之徒勝幾何不以本朝成憲

漸同于杞宋之無徵也哉古道之不復時為之也丘其奈之何哉

周初貫革息而尚禮射至春秋時禮射廢而尚貫革夫子口中

思古意中全是傷今作者從今入古因古慨今兩意夾發最為

綿密至其古色陸離筆力雄健能使萬人辟易兄擬文

射不

子曰射有似　一節　　方從仁

即射以明君子、而得反求之道焉、蓋反求者行素之寔、而無怨之本也、觀諸射、不可得君子之心乎、且吾言素位而行之君子亦既極之于自得○求之以不求矣○雖然○自得而不能有以審其失則考證無資吾身皆囊遇之府不求而不知反而自求則刻責多歸人世無可通之路君子于此有要圖焉夫君子者豈徒聽諸適然之命而盡置得失于無以識人世窮通之故恒操權于氣數而至哉躬之悔吝多端斷不容僥倖以自慰庸流苟且之習每委心于任運而至君子之省身克己決不敢任運以自安、雖子有、、曰射有

入脉家清

曷起反求

似乎君子失諸正鵠、反求諸其身、夫君子亦何在而不以身是求哉、持爲無一失之身以入于世而不知即失之端所由起也失于

失字書詩細

事後失于心咎誰歸乎君子用是稟之於衆而省察有所不遑祇

始精義

此人、倘日用爲父者以爲父鵠爲子者以爲子鵠幾微之有餘識皆反之吾心而有所難安君子所以善有反也、執失終貫悔之說以寬其責而不知即失之漸所再開也、失于前復失于後責誰護乎、君子用是遂之於躬而克治有所必力祇此喜怒哀樂未發而有以養其中既發而必求中其節偏倚之端稍形即揆諸中正之逆而有所未協君子所以責自求也、人情之變態無常非無反已

無失而往輙得咎者君子究不于人乎是尤也在己果無不是之理則在世安有終隅之情此即射者之志正體直而偶不中焉終于勝己者無怨也君子之反身循理亦若是而已矣生人之機智多端亦有不待反求而行無不得者君子毋寧審步而有所不由也邪曲之行善世者未必其善身而蕩平之道微失乃可求其必得也即射者之節不比禮容不比樂而倖中焉終惜其詭遇而弗貴也君子之不病其失而反求諸身亦若是而已矣是知射者有形之正鵠而君子無形之正鵠有形之失其反求也迫乎勢之無如何而無形之失其反求也凜乎中心之不容已射者之有似君

乎而君子之用心更不止似射者其斯為行素之寔乎於斯為不願外之本乎

不作喻語全徒君子身上着寔透發反求意不粘不脫允稱合法源評

通章得力全在反求諸身故註云子思引此孔子之言以結上文之意若徒就射說于題似隔此以正意作主帶入喻意語語透宗允為有淺有識

射有似　方

子曰射有似乎君子　一節

順天張學古

有所失者有所求、亦正己之一驗也、夫正鵠者、射之位也、失之而即反求諸己焉、非君子素位之意乎、子思引之以為、天下無徃而可越者、現在之地也、越乎其地而強內索之神、以外索斯畢生之志氣、俱浮而惘惘者、卒鮮所獲焉、蓋得失非懸諸局外、取舍即定於局中、耳目之所共見、即於耳目獨見之處、自叩而出、而操乎莫遁、夫固裕之於素耳、如君子之居易、即其所以正己也、而君子之正己、即其所以素位也、然則位也者、非君子之正鵠哉、懸其象於若近若遠之間、而有與為迎、弗與為距、幷神壹志、惟恐以紛而莫

（鐵畫）（取逕別）

支者自違其從容中道之思待其機於或即或離之際而月為之注意為之留望審心平惟恐以背而相馳者未臻乎巧力兼全之候今夫大侯既抗持滿者每多命中之能三揖而升省括者不忘釋度之想此固射之有事於正鵠者然也則試進君子而擬議於比禮比樂之交較量於志正體直之内彼失諸正鵠而反求諸身夫子不嘗以射為有似君子乎物莫不有其程至乎其程而後紛錯不齊者俱不至懸而無薄夫望程曲進之下在引滿者非不惡

精力穿演淬

急以相追然有定候焉果力精心不游於虛則不妙故同焉命矢亦既極遲回審慎之詳而人之至之者何其逸此之至之者仍不

勝其勞則亦因勞以求其逸者已矣物莫不有其的赴乎其的而
後參差各出者俱不至散而莫歸夫懸的為招之餘在決拾者非
不思迫以相合然有定機焉浮情躁氣不列之盡則不精故共此
張弓豈必無鄭重分明之意而人之赴之者處今安此之赴之者
偏不勝其勉則亦由勉以求其安者已矣若此者人或以是為射
者怨而亦何怨也夫工拙亦妄貽然矣因人之工見已之拙則已
一振二掌五
當求人即不工究莫掩已之拙則已愈當求此時皇皇之象無待
旁參而刻以相繩總不外當躬之補救抑人即以此為射者倖而
究何敢倖也夫難易亦甚無憑矣念今之難思後之易則已必反

念今之難恐無以致後之易則已更必反此中消息之權無容力索而還而自驗初不生浮慕之精神是則正鵠者素位之事也反求者正己之道也使君子處現在之地而或願外焉是又射者之所竊笑矣

華〻顏筋柳骨而風姿仍自不乏垂露耶懸針耶

子曰射　張

子曰射有似　一節　　己卯順天　一名　邊方晋

觀射者之所求而君子之用心可証矣蓋身即位也不大諸身則顧外矣觀子之論射不可証君子之素而不顧乎正夫身之所在（蹇○抱○身○字○）得失所由関也學人以策内遊之功即藝士亦以角爭奇之技故（采○藜○花○僊○象○床○）往往角勝之揚有偶得君子之一端者而互証參觀即可借以驗藏修之有要則如夫子之論射可述矣夫射者君子所以觀德也（取○材○經○籍○音○節○天○成○小○以○歌○般○工○蒲○月○舞○影○人○琴○絃○）覽賓筵之所戒大侯既抗且思節于鼓鐘備其三耦而前或忘夫審括之有度奚以周旋揖遜比禮而登大雅之堂讀行葦之所歌敦弓既堅寔序賢于几席備其四鍭所挾或忘夫正志之雖嚴何

以步武鏘和歷階而著維容之度蓋射為君子所設故于君子有似也則嘗于正鵠之在懸而想其得失之互見樹的為招本以驗內心之傾斜豈其以分耦而後頓生猜忌之私引弓而發原以徵素養之從容絕不間以解以升偶動怨尤之想其失也固反求諸其身者也勝負何容自昧而屈伸之際正心術之所見端蓋出而與人世爭衡不若反而于我躬謀績也哉思君子于此務篤定之操修射者即于此奠參拔之有獲誠覺稍為寬假而不得矣古者禮射攸隆而學為父子學為長幼毋亦于反求之義有取節焉而靜而相參知此際之淵源互証耳責備自有攸歸而幼外之分

即學業所由以決蓋求之人終應于虛而求之已乃即于實也我思君子于此覘素履之無愆射者即于此考志體之有咨誠覺稍欲游移而不能矣古者大射維昭而用之朝廷用之邦國毋亦于

粘○合○喻○意○不○離○不○即○所○謂○自○然○無○假○染○直○白○呆○

須○粘

反求之義有特契焉而微而相即知此中之取意良多耳是知持兮容固用覘巧力之能此亦如學問精微非旁觀所能貸也故司儀相禮祇以稽度數之并而隱念彌徨初非糾繆繩愆之所及志

說○射○即○是○說○君○子○雙○管○齊○下○

彀有常乃赴應弦之節此亦如潛修刻厲惟內力所自將也故司

兩○後○山○先○滿○郭○清○

樂設懸祇以調宮商之奏而中懷激發弃非騁虞貍首之可傳此夫子之所以于射有取也而以証君子素位而不願外非其明驗

墨卷惺心集

哉。

題是結穴通章。自應歸重節末。然須偷意融洽。乃得正旨分明。

骨清而氣華。理到而神蓄。元家結搆。故是出羣。廖古楫

半畝滋雲。分竹色。一庭深綠。養苔花。讀此文如撫斯境。廖承符

子曰射有似乎君子　一節

順天　蘇去疾

即射者之反求而益思不願外之君子焉夫射在反求而君子乃素位夫子之言不有適肖者哉且人各挾其心志以求推放之準而究之有合有弗合者非物之頓異其遭乃我之自岐其向也夫天下無一定之迷吾身有不易之宰以徼幸之心自貽厥悔則外失者內之紛固可還思而即得者我觀不願外之君子而不禁有會于吾子之言也吾子之言論君子也而吾子之論君子也則以射想其因志正體直之義而恍然于操約之可憑則當躬體驗之真原不待決拾既佽之後而得主有常者何其雅意之堪師且因

鈞○勤○清○

持弓審固之先而皇然於內含之有定則即境深觀之意固已在
大侯未設之時而素志久乎者殊覺持情之已肖惟射也洵其有
似乎君子也且夫射亦何求之有懸正鵠以相招而正鵠之外寬
詳人所略刻畫細緻
然有餘正鵠之內的焉僅是以為失而正鵠果任其咎否也則此
際之徘徊却顧要先問始念之何從而誰則張弓誰則注矢措正
鵠而必赴而正鵠之前本無其境正鵠之後旋易其初以為失而
更精妙
正鵠果當其地否也則此時之反覆推尋要祗在當機之自省而
何以納韔何以釋氷夫何求哉亦反求諸身而已矣而君子之不
願外可悠然悟矣正鵠之失也以願外而失則反求之得也即以

不願外而得畢志以相要位所在即願之所在宇宙待理之事業舍此身無更躊躇也（警策）當前之境地原無旁貸之可寬而易地黍觀總見審躬之切使謂正鵠本自我而邀射者固願不到此耳何也射亦君子也且正鵠之失也于身而本無所失則反求之得也於身即寔有所得平情以相付身所安即位之所安聖賢見性之真修惟此身無能諉謝也隨遇之心胸豈復徬徨于有待而因端借鏡無非律己之嚴使謂正鵠且因心而至射者亦願不到此耳何（無筆不濟）也即躬即君子也蓋明其道不計其功末技可通於上達而足乎己無待於外妙心自應於羣材躬似君子不益信也乎

擊中則首尾皆應意愜闗飛動想見凝眸放手時

子曰射　蘇

子曰起予者　二句　一名　王敏學

賢者能感發聖心、詩教賴有傳人矣、夫詩未易與言也、予以為起起予者商、而聖門之詩教、不又可傳于商乎、嘗謂學問貴有相長之益、而篇什每多起悟之資。久矣夫吾頗得一旁通不滯者而相與諷咏乎古人也、然嘗恃此意以相求、而其人殊不易觀、無惑乎篇什日留于今古、而悠悠斯世、欲索一解人而不得也、若商也、其庶幾乎商其有得于詩者耶、胡為乎繪事之説、予言之一、若前此猶未及之商、其無得于詩者耶、胡為乎禮後之説、商言之轉覺吾言之未逮也、吾今乃樂與商矣、夫孰使予退聽遜讓而怡然相悦

論語　廣西

以解者非商耶孰使予素絢近取而曉然觸類以長者非商耶起予若商也論教思之益商尚待予而啟其識人謂予起商也而豈知商實起予乎一言之感觸忽有無窮之會心即令篇章曰陳乎（絢貴妙甚）前其啟發神智者亦不過如是也風人而可作當樂引為同心已論辨難之資商又賴予而解其惑人謂商非予莫商起也而孰意予非商亦莫予起乎一時之感悟忽有無窮之觸發雖使鼓歌（更篤）（即引起）日隨其後其感發我志意者且未必其如是也詩人而有知得不許為知己乎吾誠樂與夫商矣如商者始可與言詩已矣蓋詩之託物也遠當其閒端起興昆蟲草木無在不可以言情故惟不執

乎詩者乃可與進窮乎詩也以觀乎商而風雅之文通乎制作引而伸之比興中何在無會通之機哉抑詩之寓意也微當其比物流連人物山川無往不可以見志故惟得乎詩之意者乃可與說詩之辭也以觀乎商而五禮之原通乎六義博而求之三百篇何莫非學問之資哉自今以往商之于詩殆有不煩言而能者乎則起予者將不止是也

即以意逆志說

搁波佰書

起予非誑語總是聖人言所不及處而賢人能言之出于意外故曰起予可與言詩只為詩是圓通不滯卜于不肯執詩求詩亦有个圓通不滯則所得于詩者亦何有窮而向一串然各有

子曰起予者　二句　　一名　王敏學

賢者備感發聖心詩教頼有傳人矣夫詩未易與言也可以為起予者商而聖門之詩教不又可傳於商乎嘗謂學問貴有相長之益而篇什每多起悟之資久矣夫吾願得一旁通不滯者而相與諷詠乎古人也然嘗持此意以相求而其人殊不易覯與或乎篇什曰晋於今古而悠悠斯世欲索一解人而不得也若商也其庶幾乎商其有得於詩者耶胡為乎繪事之說予言之一若前此猶未及之商其無得於詩者耶胡為乎禮後之說商言之轉覺吾言之未逮也吾今乃樂與商矣夫兢使予遊騁遠懷而怡然相悅以

解者非商乎孰使予遠稽近取而曠然觸類以長者非商耶起予
者商也一論教忽之益商固待予而啟其識人謂予起商也而豈知（推深一層）
商實起予乎一言之感觸忽有無窮之會心即令篇章日陳於前
其啟發我神智者亦非偶如是也風人而可作當樂引為同心已
論辯難之資商又賴予而解其惑人謂商非予莫商起也而孰意（[illegible]深妥[illegible]）
予非商亦莫予起乎一時之感悟忽有無窮之觸發雖使鼓歌日
隨其後其感發我志意者且未必其如是也詩人而有知得不許
為知己乎吾誠樂與夫商矣如商者始可與言詩已矣蓋詩之託
物也遠當其因端起興比彙草木無在不可以言情故惟不執乎

詩者乃可與進究乎詩也以觀於商而幽雅之文通於制作引而伸之比興中何在無會通之機哉抑詩之寓意也微當其比物流連人物山川無往不可以見志故惟得乎詩之意者乃可與說詩之辭也以觀於商而五禮之原通於六義博而求之三百篇何莫非學問之資哉自今以往商之於詩殆有不煩言而解者乎則起予者將不止是也

氣味恬雅意致邃深氷清玉潔鏘佩雜鳴笄冕擊西名堪式靡

子曰起予者　二句　　甘湛泉

賢者實獲聖心，聖人以言詩相許焉。夫詩非可易言也，起予如商，即與言詩，又何不可。夫子有見于商之因詩悟禮而復嘉之也，曰：有是哉，人之得其解者之可以解我之所未及解也。夫至解我所未及解，而其人則亦何所不解者，亦仍即彼之初若不解者而瞭觀乎其全，與之相悅以解為當，亦無乎不解也已。予以繹事為商解詩，而商忽悟禮，此時商之意中並不存一詩之見也。苟沾沾焉存一詩之見，則其所滯者反在于詩，而胡能會心獨遠，遂通其言于詩之外？抑商之意中所見又無非詩也，苟總總然僅執此一詩

片神行，曲折盡致。

偏要詩上牽連，明有下句在。

名通。

則其所得者亦惟此一時而何以觸類引伸若不泥一詩于言之
中予今不能忘乎商也凡人之意以無所觸而不動予亦豈必有（關）
藉于商乃不謂予志所必及之處而商早已及之是固先得我心（挽起）
者也自有商而予可以無言也抑人之意以無所感而不發予亦
豈必待助于商乃不謂予意所未至之端而商忽已至之是固實
獲我心者也自有商轉使予多言也是則起予者非商而誰也與
之言詩始可已矣夫詩之為言也婉而多風執滯者不能言變通（醒切）
者能言之起予如商詎有執滯為則雖日取三百之篇而與之講
析其指歸當亦不厭其煩也為其能知變通也非商而何以有是

後通也哉詩之為言也曲而善入拘守者不易言而敏悟者能言之起予如商寧有拘守焉則雖悉衆篇什之繁而與之詳辨其義類當亦可商為通也為其具此敏悟也非商而豈易有此敏悟也哉蓋自夫子許其言詩而商遂以詩專家厥後西河之教獨推卜氏云

機神迅利有風順不得泊之勢　王學舒

庚子科鄉墨選　論語　子曰起　甘湛泉　廣西

子曰起予　二句　六名　史弘秩

嘉善悟者以言詩聖人樂有之心也夫詩之義無窮而非善悟者未易與言也夫子于子夏所為有深契歟且天下之名理日生聖賢之神智日出吾人身入其途惟告往知來可與引伸於不盡向謂切磋者務以為僅一端耳不謂又增一商也予心焉慕之而推置矣夫商非循是與吾釋素絢者歟釋在素絢亦祗知素絢已爾而商後有得于度數之旨覺夫壞能皆陳迹而不必摘也抑商也將猶是吾之告以後素者歟告以後素亦祗知後素已爾而商條有會於儀文之末覺所闡皆虛境而不必泥也有是哉素絢之見可以不存而禮

後之意亦可不執矣吾于商也又烏乎限之則以為起予者商焉爾矣起不緣于物而緣于心所可相為告語者特其迹耳倘立一理於此人未之解而予告之曰理如是如是而彼竟茫然也若而人烏足以云起也維商於予言若觸類而長矣予方以言顯示其端商遂以意大暢其言意言之迹嬗受之無迹斯拖之彌長則商之不緣于物而緣于心者誠與予相深而靡罄矣物不窮于心乃因以不窮于起所可相為詔告者特其緒耳設畀一事于此人未之曉而予示之曰事如是如是而彼竟惘然也如若人又安望其起予也維商於予言又迎机以導矣予之言甫即于故商之意卑

生其新新故之相乘去而不匮斯引而日出則商之不窮於心而因不窮於起者誠與予相引而莫圖矣爾讀詩而以為當吾世絲雅其人不意于商而遇之也詩之取義甚煩往往有言在此而意在彼者使非神明其意未能旁通不滯也以商之中無所滯則胸曠之識大安有域之者乎推斯義也將宇宙之大古今之遠極憤確之理日新不窮皆通人達士之徒從流連而類情通變以盡夫天地之化神矣詩之取義又善變往往有正言之不足而借言以明之者使非博通淹雅未能觸發于不窮也以商之意無所執則頓悟所及又安有斬之者乎由斯識也即上而鳶飛下而魚躍極

墨卷凌雲

爾閣之內寰動不居皆好學深思之隨在取益而與謨針畫矩尺

窮其哲謀之分量也哉詩人有和當必引為同心矣

氣局弘廠筆力排奡真有捫虱而談旁若無人之概

子曰起予者　二句　二名　李枝桂

聖心有觸而即動、故以言詩樂許賢者焉、夫夫子固無日不以道起及門也、乃復因子夏禮後之悟而樂許之、聖賢相長之益、豈偶然哉、且天下之最可以旁通而曲暢者、其惟詩乎、繁然者其義類也、淵然者其意旨也、曠然者其悟機也、夫人心之至可樂者、莫樂乎悟機之互相往來、苟其人而意趣邃深、聖人遂設有動焉、不然、徒執其說而不能相通、則其所解者究之三百篇而止、日言詩非詩也、若子夏舉禮後之言以相對也、則異是、夫禮固與絢類也、是夫子以繪解絢意也、雖其立言各別、而識之所通已取萬端之經緯俱柄于天命人心之始亙乱後隱與為絢類也是即夫子以後素解為絢意也雖其稱名各異而見之所及已啟品彙之蒙陳皆有秩然藹如之致則甚矣詩之精最遠而學者之心解之不于不與聖心隱相通也且夫聖人之心如太極然第無人與為觸發斯寂然不動而有如因詩人之所稱而忱然悟儀文之有本則舉天地間人官物曲之雜陳皆屬後起雖昭人之言尚未及此而已不啻取聖心之散物彰明宣著於晤對間也抑聖人之心人如原泉然第無人與為引動自澄然靜深爾有如因詩人之所著而隱然會度數之有歸則舉古今來進退升降之儀列皆其後事然

聖人之道隨處充滿而已不啻極聖道之無窮因端相引於問答
間也此予所以欣然釋怡然喜相視莫逆曰起予者商也始可與
言詩已矣予有志予自存之無庸人之指示我也然而片言之間
證之吾心而躍如者則神明之所旁觸者遠也（俾事有孜）非是則孤商有言
商自發之似與我甚不相開也然而取類之遠及之吾心而勃如
者則念慮之所引伸者大也非是則隨商乎爾其有旁觸不遺之
識乎爾其有引伸不滯之見乎今而後知專言詩者之非詩而不
言詩者之無非詩也可與也今而後知言詩於有詩者不通其意
於詩之外言詩於無詩者神明其意於詩之中也可與也使商因

可與之言而靜驗之則旁通曲暢者不僅在子轉在予矣而孝長之心不忝夫慰乎哉

前半純用斷制英才勃發一往無前

子曰起予 二句 十五名 胡溥

一言足以起聖心賢者能達於詩矣甚矣詩之难言也乃商既有以起予而予寧無以信商哉畢以有感於禮後之言也若曰學者居今稽古而一堂之往復或不勝其迎距焉則名理之以多言而聯者豈少哉若乃惕然於師弟之開者亦即豁然於篇章之大而吾党之風流遂不难置身千百載前而可發古人之蘊也已有是

菲句有一栽拔提入本題使卷剔有神致

哉商之以禮後繪事而悟素絢哉斯言也有得於中不滞於外當日詩人固不圖後有言詩若商焉者即予也亦豈意商言及此

云起予二行半恰好

哉而商固早有以起予矣繪事之與禮其事各殊未易比而同也

乃予也語在此商也通乎彼甚樂其相引於無盡耳繪後之與禮
後其途各出殊難渾而及也乃予也發其端商也通其類甚賴其
相長之靡涯耳而此日之商豈復猶有詩之見存焉耶雖然深於
而於奚攻頌神浩瑰
詩者奚必存一詩之見哉夫猶不觀作詩者必托其意於詩之先
乎情之所深道之所寄正不妨攀無窮義類盡而取之一事一物
之間夫不可知言詩者必通其意於詩之先乎聰明引而益出神
智擴而日生故有時偶爾流連廢而推之天人性命之大商也豈
必與世之閎覽博物登高能賦者競短長於三百篇之中而一旦
豁乎其有會也恍乎其有得也豈非得詩之意而可與言也乎則

子曰起予 二句　胡溥

將與商言詩中之旨商也精其志而推求焉遂不難擧六義之全而片言以括其蘊相説以解之餘其起予者不且較多矣乎蓋自有商而詩之教始不患無傳矣則將與商言詩外之秘商也得其解而旁通焉遂不難探四始之精而神明以達其實罕譬而通之際其起予者不且愈遠矣乎蓋自有商而詩之義始無慮其不廣矣始可與言詩已矣今日者鄉情詩人往矣使當年風雅諸人迄今如可作也當亦樂引商爲同心焉耳而商不且以起予者並取詩人而起之也哉然後知深於詩者必不存夫詩之見者也

文情蕩漾前後亦最爽警○作文無他術見得真説得透題無

子曰起

子曰起

明

靈岑凌雲

剩義肆無虛設便算天下第一等文字矣試看此文有漏失膚

廓語否震川云惟不切題者為陳言于今益信

子曰夏禮　一節

李學院歲覆一等五名　方從仁

聖人慨二國之禮而于文獻深致意焉夫禮何所徵〻于文獻耳文獻不足其如夏殷之禮何夫子因其無徵也轉而有餘慕焉思深哉謂夫吾嘗揚扢本朝而知禮至我周而大備者猗歟盛哉考之故府煌〻乎方策之所垂也訪之老成彬〻乎時賢之所識也亦何在而非徵信之端哉雖然儒者生明備之後必當遡其監法之由則立昭代以考前朝苟得搜羅舊典不至荒遠而難稽斯亦好學深思者之幸也而今竟何如乎我觀有夏以明德之君而建一代之模其精意當閱奕世而猶留亦越有殷以聖敬之主而制累朝之典其遺規斷

不與人世而俱湮則庶幾曰是其能徵之乎能徵之而後能言之乎吾于是穆然而深思睪然高望而遠志以為舍杞宋無由也嗟乎孰謂杞宋之竟無益於夏殷哉思厥先祖父準人情議損益不知幾竭心思以成一時之憲典子孫不能留其遺書而一傳再傳風流泯沒遺老髮禿之餘欲問其事而遺老盡矣此望古遥集之士所致慨于文獻之不足為可惜也且夫文獻之所以不足者有時有勢而文獻之所可望其或以者有天有人玉步則已改矣典物則再遷矣兵燹風霜之後已盡二代之藏書簡賢播棄之餘又藏先朝之遺耆耄殘者誰守闕者誰禹鼎湯盤幾等黄農之忽沒矣時久者易湮斯固杞

須容有神

古筆

壁義精確

宋之所無如何者也社則降而為屋矣恪則備而稱藩矣拄下之掌故方新敢求典籍于異代草野之逸民雖舉敢考官禮于先朝夏令者誰倍上首推而謨湯誥直為上世無徵矣歎變則事殊而亦非夏殷之君所能及料者也雖然天道不無剝復建寅之後易而建丑運有固然安知式微之後天不欲使夏殷禮制至今日而湮而孝子（是八字發得十分精彩）之篤生慈孫之繼起發秘書于石室懋遺老于名山未可知也況乎東樓守土白馬來賓而小正之屬且與坤乾之書而俱傳不猶可想見當年精意之所在哉人情不無念舊尚忠之後趨而尚質理有必然安知文勝之後人或思夏殷禮制尚留乎淳樸而天子為之修明

宗邦為之購典千百不無什一之存賢嗣即為祖宗之獻未可知也況乎神明之胄杞爵稱公遺跡之銘達人繼起而禹貢一書几與商頌五篇而並垂不猶可遐稽當日精神之所寓也哉足則吾能徵之矣無如老成凋謝典籍云亡吾望雖殷若杞宋何若夏殷之禮何不足徵也吾不且徒托之空言也哉

沉欝頓挫酣暢淋漓浸淫八家得歐蘇之氣味令人百讀不厭原評

子曰夏

子曰夏禮吾　一節

李學院歲覆　莆田　黃　淼
縣學一等一名

古禮藉文獻以有徵聖人懷二代而致慨焉夫夏殷之禮（着眼）周所監也言而有徵豈不甚幸而文獻不足聖人將奈之何哉然其屬望之意固不特為夏殷耳有感而言曰以一聖人而欲治天下其典章制度始未嘗不甕然具備而後稍陵夷衰微也此固運會使然（曲折流轉歐曾神味）即在聖人勢不能留其耳目心思與子孫維持于勿壞顧其制作之精意必有所藉以傳何可使其終泯沒于宇宙間也吾茲有感（提出主腦）于夏殷之禮焉夫今所須行于天下者非周禮乎車書一統倫物大同夫人而能言之夫人而能徵之固不俟問藏書于柱下而文

晚翠亭試草　論語

足也不俟訪隱逸于山林而獻足也吾亦惟從周禮可矣彼夏禮殷禮閱歷數百千年以迄于今喟然徒嘆社屋而禹遷欲問其事而遺書巳放老盡矣亦何取于吾言之而徵之者哉顧吾之心則有不能已者道與天相終始則三綱五常夏殷之禮不能與周異（講能言四殷識高氣厚）者不待言而可知法因時為變通則文章度數夏殷之禮不必與周同者苟無徵則不信故丘也好古敏求而車轍馬跡遍歷九州凡屬夏殷以前三墳五典猶且旁搜博覽庶以自廣其見聞而況（大可[illegible]）夏謨殷誥載在尚書初不類洪荒事也而能不樂得而言之也因（議宕一氣）思夫監古定制即文武家相損益二代原因夏殷所貽師田學校

相與斟酌會通未嘗概行其改革（又進一層）又況夏時殷輅獨出千古尤堪
與周禮並行也而能不樂得而言之且樂得有徵之者也而無如
夏之後僅有杞也殷之後僅有宋也文獻之不足于杞宋也久矣（題面只用如此打疊）
吾即能言之其孰從而徵之典籍既缺而忠質遺風雖依稀可記
所謂存十一於千百者安在吾言之取徵于文也哲人云亡而
禹湯子孫亦日失其序所謂嗟典型之不見者安在吾言之取徵（一開一闔氣力）
于獻也蓋昔也夏殷全盛之世禮行而布諸朝即無待徵文徵獻
（愈亢）已見道一而風同而典則之貽歌于五子風懲之訓儆于大臣禮
之托于文獻以傳者自古已然而安可令其不足哉而令也杞宋

武徵之秋禮失而求諸野則必賴文足獻足斯可信今而傳後而

淋漓盡興

名山石室或多未出之書耆宿名儒獨得不傳之學徵禮之有資于文獻者于今尤切而能不深望其足哉足則能徵是夏殷之幸也抑亦吾之幸也雖然杞宋之不足于文獻也則亦已矣無如何

搖曳周禮極得聖人立言本旨

矣而使吾感念勝國睠懷本朝幸斯文之在茲而為贊為修幾自忘其寢食望老成之未謝而識大識小冀樂得有同心誠懼夫文獻不足周禮無徵使後之視今亦猶今之視昔則安得不前望夏殷而喟然增嘆也

學院李宗師原評

提周禮作主識冠通場文氣渾灝流轉直逼歸胡可空從前名作

府學丁霞瞻老師評

這章夫子原爲周禮而發分明以文獻自任不徒爲夏殷感慨也文窺破此旨暢所欲言渾灝流轉有氣蒸波撼之致名手固自異人

本學莊犀海老師評

淋漓盡致古色蒼然純是嘉隆法脉不可以時艷求之

夏禮吾

子曰愚而　全　尤侗

道莫大乎尊王正其為下之義也夫為下而有作難乎為上矣反古不如從今盍折衷於孔子且治天下有道立綱陳紀德而已矣（屹然山立）治天下有權經世宰物位而已矣治天下有運定鼎卜歷時而已矣德非聖不變法位非王不易條因時無過循禮無邪吾嘗聞夫子之遺訓矣夫明者作法愚者述焉尊者更禮賤者守焉古之制也而或曰五帝不同法而治（勢如嬌朗）三代不同禮而王使有聰明奇偉學士大夫出其間一旦改正朔易服色協音律定文章修神禹之舊勳繼湯孫之絕業亦猶行古之道也何必我周然吾有以知其不

可者彼愚且賤不知權變而出此適足以速自斃耳我周之典以文武明聖佐以公旦史佚博雅之臣乃議五典命大宗伯乃制六儀命大司徒乃考六書命大行人畔礼者殺無赦亂度者殺無赦舞文者殺無赦嗚呼嚴哉至于今稍陵夷矣河陽狩繻葛戰君子以為無禮繁纓錫寶玉竊君子以為無度家乘煩新書出君子以為無文雖然（使古如聲措）有先王之成憲在僭越則有之非所謂作也是以省考工之職問柱下之藏稽鄉師之掌錫鸞和鈴昭其聲焉典謨訓誥昭其文焉貴賤親踈昭其序焉其餘從同〻大一統也彼夫平恒而下景靈而上名非不正也勢非不隆也而制礼作樂謙讓未

遠者以涼德故。況閭巷之子無尺寸之階敢以私心窺前之大章乎。是故夷吾相齊不建封禪。子野在晉不奏清角。至乎老聃剡子季札萇弘之輩號為博物。不過知禮官工瞽傳習而已。嗟乎。昔吾（又紙一二字後乎一日）夫子以神明之冑范制作之才。苟得崛起在位。豈不可勅制天下自顯庸哉。乃卒以布衣老。故其論述惟從周為兢兢。雖于夏取時于殷取坤乾。而托之空言。未嘗見之實事。故曰吾觀周道幽厲傷之。吾舍魯何適。以周禮在魯也。夫周禮在魯。易象春秋是也。夫子纂易去連山歸藏而繫辭于周。作春秋書夏時周月而尊王于天。從周之志不彰彰哉。然言禮不言樂何也。蓋樂兼六代。禮尚一王。（備法）

中庸　十三

啟夏獲與六武並奏忠質不與文明比隆也不然道非狗齊則德溥權非首出則位卑運非華命則時異而貿貿然以愚賤之身猶用專之轍上干天子之制下惑庶人之心夫何敢是將為亂乎夫何敢

揚汎直下不減千里江陵若其文采典則直撮漆園之標封禪

唯女子與　一節　　王　掞

聖人論女子小人之難養欲人主慎之於早也蓋女子小人養之不得其道故近與遠皆有其患慎之於早而又何難之有哉且為國家者非外患之可憂而內患之足慮非有形之患之難治而無形之患之不易以防也夫固有法所不能制理所不能喻陰移人主之志於燕私而或

敗亂宮及侵牟與中事

生不測之禍於肘腋謂之女子小人者彼非有才能之可用亦非有忠

內去之卅下亦安何難之有

信之可憑其始見以為不足畏也而挾人主之勢則邪正混而福威移其始見以為無所能也而邀近倖之私則讒衅生而禍患起若此者養之可不知其難哉養之難在近君威非不畏也習之既久則有以滋窺

其愛憎之意而逆揣其喜怒之心而不遜生焉有陰用其不遜使人主

兩正見言之難處

不之覺而終近之者有陰用其不遜使人主覺之亦不罪而適近之者

治乎直行其不遜又有使人主不敢言其不遜而不得不近之者夫養

開緒難字喪要

後知近之之難也養之難又在遠君德非不懷也忽而擯棄明有以啓

萌其驕悖之志而頓忘其寵爵之恩而怨生焉有順用其怨使人主知

功夫從來只有偏之鍊

其怨而悔其遠者有逆用其怨使人主不知其怨而因以快所怨者治

乎直行其怨又有使人主畏其怨而不敢終遠又不敢復近者夫而後

知遠之之難也然則養女子小人者果何道以處此哉師傅保母既掌

齊德有參是樊書人派

后妃之教而下逮嬪御亦為之正其服位禁其奇衰而統之以内宰世

婦之宮則侵竊成褻之患絕宮正宮伯尊以大夫之秩而賤及闇寺亦為之選其德行考其道藝而領之以家宰小宰之職則左右近習之士鑑尚所此所謂女子小人養之得其道近之亦可遠之亦可而有以防無形之患者也

〇更〇清〇楚〇

女子小人非獨其性質難化也彼實有學問傳頭作用派頭使人主出他手不得漢唐之末是以烈矣讀灼中志更有甚焉者獨怪時皆莫君身受嬖妾之害而即位也復以嬖妾自戕親用宦寺之難而其後也仍用宦寺致亂豈非難養之明驗與此文不特曲盡全史情事真足為千秋龜鑑矣

唯女子與小人　谷應泰

而舉近君者謹于微之意也夫女子小人微者爾微者何以言之以為辨之必早辨也今夫內官九御外官九品天子坐明堂理陽教罔敢有倖心哉然而接賢士大夫之日短親宦官宮妾之日長也采窮究者好色而不淫畀豺虎者譖讒而不亂其君未必皆又

實起于寺以

反抒黯慘悲

王也何以知其必后妃賢也其君未必不幽王也何以知其必寺

即猶開講後落是發端語氣

人患也不必賢不必皆不賢而概稱之稱之曰女子夫女子國雖有定位也天子三后九嬪下至御妻世婦諸侯一娶九女娣姪皆

歸然奇切

徵之若泰之五為歸妹之六剝之五又宮人之義何若是其繫屬

與夫愛無子寵日月姿羞郁或女戎薰蕕猶臭有不同其時會來
始不同其性情則女子同自有其性情也若一不必患不必皆不惡
而等視之視之曰小人夫小人亦非有定位也周官虎賁小尹以
及趣馬綴衣周禮統之家宰服玉咸司焉若秦之風則從公載驂
祈之章則為王爪牙胡若是其倫官與夫竊藏以逃猶能致主食
挑而義亦或公才有不同其過合者未始不同其群類則小人固
自有其群類也者若是者人主之于女子小人也封[illegible]世肆生長
深宮之中媚子諸臣日夕奉阿之上取飲食鐘鼓以充內朝非其
私暱誰敢任之而忽有人焉竊竊然慮之曰唯女子與小人似重

不可語偽識出大波浪來

有憂者則人主必喟之以為此言何為也然吾固不能不為是言也則何也唯女子與小人為難養也

女子小人之害至客魏而極先生記事本末論云以妖倖毀政浸為洽比對食之舉勢同羶附情昵晏私王聖寵而京闈蝻孽趙嬈尊而甫節構禍言之最為悲痛文雖因難養在下尚留虛步然論議剴切可為千秋龜鑑正與論客魏若相同

惟女子與小　一節　俞長城

近習之難養、隨所加而釁生焉、夫養之則不能無近與遠矣、而不孫與怨即因之、豈不難哉、且國家之患、其由于所溺乎、陵三軍者困于（此却不必黑）帷薄、（入）戚四海者變在蕭墻、愛惡相攻、情爲相感、一或不慎、亡國敗家相隨屬矣、今天下有女子焉、其體柔而性剛、有小人焉、其志卑而氣亢、人之視之、將以爲不足虞乎、吾以爲天下難養者莫是過也、蓋陰邪其天性、而後濟之以不明、欲感不懲、而恩不勸、勢利其本懷、而後深之以無恥、欲德無極、而怨無終、能令昏主疑、能令明主惑、能令弱主畏、能令英主憚、方其近之、不自知其卑且賤、而以爲分所應得、則不孫以色交者悍生于寵也以才干者犯生于驕也其始意氣而已漸而長焉遂至離其宗族讒其妃偶絕其後裔而後竊其神器而不畏方其遠之不自知其過與惡而以為勢所不堪則怨愛不若初嫌為數奇也賞不遂意自為少恩也其始觖望而已積而久焉遂至黨其大臣聚其奸民連其敵國而後戕其君上而不疑且也女子見女子則思妬小人見小人則思爭（能窮其根株）仇讎目尋其報復雖欲偏近而不能一女子貴則女子之族俱貴一小人用則小人之類俱用黨援盤結于朝廷雖欲驟遠而不可稍近之即有自矜之色稍遠之即有飲恨之端毒深矣可奈何方其近即為難遠之勢及其遠又為復近之媾

[子曰]唯女子與小 一節（論語） 俞長城

術狡矣可柰何將立法以禁之婦人無臨朝而情溺不能不用其言也宦官無干政而志昏不能不聽其謀也可柰何將任賢以防之冢宰制宮中而床第之閒不能徧制也僕御選正士而洒掃之臣豈能盡選也可柰何夫君人者端其本而已（照註中莊涖慈畜意）清心寡欲遠邪之道也知人窮理致治之機也開誠布公服物之方也齊莊儀恪臨下之儀也審如是何往不勝何人不服肘腋之閒何畏奸人窺伺哉

絕似歐公五代史記宦者傳論其言自古女子小人之變態備矣

唯女子　俞

[子曰]唯女子與小人（論語）　洪　基

惟女子與小人

江蘇開學院月課　洪　基
蘄太教諭一名

蓋女子與小人，人主幾習而賤流合而黨斯成連類以歎其獨焉。

昔之忽而抑思其不可忘者，惟女子與小人乎。且人君而有志側身修行也，豈必賢后妃賢士大夫始足法念哉（以闕筆映影）。蓋嘗上下古今而知凡錯處帷闥，以與人君共臥起而斯須莫離者，獨有女子小人在矣（從人主所接之人言揭開）。今夫自畿甸遐荒，以及於九夷八蠻之衆，莫不喁繳環向（以鄉君惟字），一人之身以視為從違，而何有於女子，何有於小人。自公孤卿尹以迄於億兆夷人之屬，孰不靡然並集一人之心，而無容懃置焉。何論乎女子，何論乎小人。乃吾謂人主所最不容忽者，唯女子與

小人也從來陽主舒而陰主慘女子小人（深本養之根）得陰之氣而慘焉者也
夫陰豈必盡慘而無一偶舒之人哉然而陰而慘者其常陰而不
慘者其變也（剝姤變之處已深乎者知滿月）蓋其為象也凋而深而其為性也豁而恐彼常伺人
夫於所不及見而弃於鬼蜮者惟女子與小人也剛必明而柔必
暗女子小人則屬乎柔而暗焉者也夫柔豈必盡暗而百無一明
之人哉然而柔而明者什一柔而暗者什九也蓋其為狀也繞於
拂而其為性也不可測彼其傾人主於不及覺而比於狐蠱者惟
女子與小人也又況女子與女子則為同類女子與小人則似不
而可一類論乎哉而不知女子能飲泣息於深宮而不能通

於百爾故女子恒樂得小人以為外戚則不類者合而為難而其類遂結於不可解夫天下黨類之合更有如女子與小人者矣小人與小人則為同氣女子與小人則非同氣是烏可同日語乎譏而不知小人能矯傳意旨於外廷而不能逆探喜怒於寢處故小人恒樂得女子以為內偵則不同氣者聯為同氣而其氣乃牢固而不可破夫天下氣味之投復有加於女子與小人者乎嗚呼女子無算也小人亦無算也女子與小人更無算也以百千女子小人皆決月於人主一人之身則人主試想像於女子小人之情狀若何則凡所以自處者宜何如加厲也

唯女子　洪　諭諸

僅將女子小人灑運是直鬻薰桂之櫝而還其珠也臨從惟字與字摹畫遂使虛氣嬌灑題無遁形　張點溪

網羅全史說來如牛渚燃犀鬼怪畢現　顧奕二

[子曰] 唯女子與小人爲難養也　翁若梅

惟女子與小人為難養也　　翁若梅

聖人以難養者相示警於人所忽也蓋女子小人人之所易忽子
特明其難養示戒之意深矣今夫為君之難也難之於朝宁尤難
之於深宮難之於百官萬民之衆尤難之於左右近習之人古帝
王涖小慎微自嬪御以迄奄宦罔不兢兢焉加之意者職此故也
何謂嬪御則女子者是也何謂奄宦則小人者是也是固有國家
者所不能不養而且以為易於養者也備箕帚之職則亦箕帚役
之而已貴之曰宮人賤之曰婢子貫魚有序似無所用其防維効
犬馬之勞則亦犬馬畜之而已輕之曰內豎重之曰小臣奄寺餘

才似不必深其顧慮嗚乎是未即女子與小人而深長思之也苟（蹴起）
養女子者盡若古人之定制臨之以后妃治之以世婦酒漿縷枲（題前展拓經術湛深）
各効其勤實命不猶而寵辱非所計矣況為之上者情欲之感無（反覆下意）
介儀容晏安之私不形動靜罔昌由爭而憸邪由取雖掖庭充牣
自覺養之而無難苟養小人者又盡若古人之成規臨之以太宰
治之以內宰正內王宮各守其所其惟吉士則威福非所知矣況
為之上者親公卿大夫之日多近侍御僕從之日少權無可竊利
無可圖雖閽寺滿前夫亦何難以相養自非然者吾以為無難而（虛涵下意以在題）
難之勢已伏於無難之心吾即以為難而難之端未即杜於知難

[子曰] 唯女子與小人爲難養也　翁若梅

之念天下之人多矣人之所接者亦衆矣求其養之最難者其惟
嘗乎如赤亦昭省水
此乎其惟此乎蓋女子與小人以類聚亦以羣分有一女子即有
有近既有遠下又已如燈取影
衆女子以嫉之有一小人即有衆小人以傾之當上意未形而叩
寂課虛已竊以相伺下流之機智逈異尋常矣夫彼之伺我甚密
數字警
則我之敗彼轉疎也難乎不難且女子與小人其分均而其情暱
方說與亭縱酣
有一女子即有衆小人以附之有一小人即有衆女子以倚之當
君心甫動而承顏同色已工於揣摩若輩之用心宜同鬼蜮矣夫
彼之揣我甚工則我之防彼反拙也難乎不難是以事變常起
愷切指陳儼似陸宣公奏議
肘腋釁廑每生於燕褻其人甚微其害甚大其地甚近其禍甚遠

三二□墨稿　五九　唯女子與

前車可鑒覆轍相仍祖訓猶存宮闈名亂古之宗社於小子

小人之手者可勝道哉

經經緯史實大赦

林吉甫師

可用

唯女子與小人　　陳儒堅

特舉兩人若不可狎視焉夫愚夫愚婦一能勝予兩平此女子小人聖人所以特舉之令夫無獨必有對天下之物類亦何況人類乃有因對而益成其為獨者也必作人類之中而特有所區而別之也夫特有所區而別之則單舉而得其偏不若兼舉而得其全而于是对之情見矣而于異同之說益明若是若其女子小人乎盛時之錫類祚能必鸞儀女士夫女而得士道致治之助而女子之生寔必謂其非祥治朝之侍御罔非正人夫人而稱[illegible]則足為多承鄉之寄而小人之名寧也

先取與字　次取唯字　頌

語妙

居于其室無如世之為女子小ヽ者不盡然也夫有城之ヽ方ヽ傾之
家有晨也而司之彼為女子既已有不安于女子之勢
處閨房之內者視我為易與也而我卞易與之巳挾ヽ广ヽ
真
慾于女子也以其陰晦而蓄禍謂之女謁ヽ其挑嫚所醮ヽ
之女戎為因名以恩義直將牽樛木知恩小星知命之事盡委為
橫下恣飛
風雅之謬說而隱然憑女子以為閫刑臣也而薦守原蠶僕也而
誚圖ヽ彼為小人既已懷不甘為小人之情而又見周庭庭除之
內者視我如無有也而我真無有之矣初不知古欸徹于小
無奇不有
人也以其朋比而作竺謂之群小以其暗昧而行竊謂之宵小為

循名以核實直將舉人糾令內豎通令之典盡不受天官統
馭而居然挾小人以自尊極不足比數之倫至令人脩舉其端或
不勝呼吁躁而四顧恍然見天地闢分陰分陽偶有此自成其氣類
與小字相書
者合而急之而兩人若分形以立思為思之而兩人又若連類而
唯字遂數
至遂不覺孤情之介于中苦難釋本駕馭六餘之事而忽然諦觀
其微乃不禁斂容而悚息凜然忍朝夕內與居與進得有也窔
吾于不覺者吾目中常有兩人不過為泰令厚者忘
有兩人遂若見尋生疊起之憂將徒幸此外之釋吾
人是女子小人之彌縫無失則是不過女子焉而已耳小人焉

而巳耳將有狎而玩之之意焉或見女子小人之叩諸自端亦

曰是成其為女子焉而巳耳小人焉而巳耳且有怨

焉嗚呼孰知其難養之至於斯極乎

呆鋪女子小人有何神味看他領取唯字與字神情運寔

下文不擊自動故是好手

唯女子與　一節

鄒祖頊

於難養者而養之、當思所以養之〻道矣、夫不孫與怨、女子小人所必至也、而近與遠實階之厲焉、是在乎養之得其道者、從來上之御下、其親之唯命、踈之唯命、親而踈之、踈而親之、亦唯命、此在（寬處起勢）曉禮義知名分者、稍〻能安之、故其養之猶易、而最難養者、唯女子與小人、唯女子善疑亦善媢、故取憐爭妍、柔順偏能惑主、唯小（背透便不詞費）人多諂亦多詐、故卑躬承態、容悅亦或藏奸、有色者思以色升、女子恒緣小人為作合、倖寵者思以寵結、小人亦借女子為進身、故（與字都出）御英明剛決之主、未有不近一女子、不近一小人之事、而情見勢（出近字遠字有議論）

歷之後亦無不遠一女子不遠一小人之時而養之於是為難矣素緣嗜利瀆私之計而其始也亦必有一二事焉貌為樸誠其唯（從歐公宦者傳來）諾也似信其趨蹌也似忠於此畧示優容而寵愛漸開遂不復知高厚之可尊本無積誠戀主之心而其究也遂必有一二事焉敗（却從對面翻出）露形迹其似信也實詐其似忠也實欺於此稍加攙抑而情誼日（而則字意提甚）（不孫）踈遠亦不知憤懣之奚由而有能孫者乎而有不怨者乎明知賤（二字曲透）不可以妨貴而爱畫威不能充也明知卑不可以凌尊而息勝義不能奪也侮嫚成風宮禁皆為媟褻雖有至性不能自克於制情（怨字曲透）牽欲之地矣積愛於我何戀而蓄於心者詛於口也新恩於我頓

已而激於內者憤於外也謗讟交作左右如開愁莫繼復開釋亦難盡泯其積怨蓄禍之心矣一於是近之不得而謀思遠之而不孫

此○上相接妙義○環○生○如

者既挾怨者朋奸以肆其毒而在我我不能以自主一遠之不能仍

大○珠○小○珠○落○玉○盤

復近之而怨者又援不孫者交搆以蠱其禍而在彼愈莫測其方

○照○應○有○力○

張一嗟乎襟帶之下實生禍胎肘腋之間時窺釁隙女子小人之難養也一至此哉然則如之何而可未嘗不近而仁不失於寬柔未

嚴莊○慈○蓄○齊○勇○出○

嘗不遠而義不流於刻覈有知人之明有正己之德公以服其情

○得○詳○密○

既有以消其闇昧之志恕以平其憾復有以聯其忠愛之心持是

○古○雅○可○誦○

術也以往贊御僕從皆正寺人孟子之詩亦何為而作哉

鄉墨村田書文　論語

胸有全史故言之有物可作于秋龜鑑　吳盬川

得史之精而棄去糟粕不入鋪排每将逐句題意先發得透露

始趣勢點出題面遂爾分外飛動處處意在筆先故無意於

古而自與古大家應節合律細心吟諷其妙愈出

唯女子

唯女子與小人

劉巖

言其人而若重有惕若甚之也夫曰女子小人微之也何甚乎爾然曰唯女子小人若曰其他猶不足深慮也於是有甚辭焉且人皆患其所不足患而其所最足患者乃相忘于耳目之前往往輕之而忽之也然天下人可輕而此獨不可或輕也天下人可忽而此獨不可或忽也噫此何人也蓋女子也天下有丈夫自足以庇女子之身而何憂乎女子蓋小人也天下有君子自足以立小人之命而何畏乎小人乎是視女子小人若喜之唯命怒之唯命榮之唯命辱之唯命而何以能為夫謂女子而無能為似乎真無能為也已然吾一言

及女子若天下更無有甚於女子者且無有力足與女子相敵者天
下（女子小人原相爲表裏）而有與女子相敵者女子外獨有一小人謂小人而無能爲似乃
真無能爲也已然吾一言及小人若天下更無有甚於小人者且無
有勢足與小人相當者天下而有與小人相當者小人外獨有一女
子于是天生一女子而即有衆女子從之而即有衆小人附之然女
子有從女子者即有嫉女子而傾女子者夫能嫉女子者必女子也
能傾女子者必女子也不然必小人竊女子之智以中其隱而伏其
心然則千萬女子止一女子之態也即千萬小人止一女子之情也
古今來可患者此二人而已矣天生一小人而即有羣小人佐之而

[子曰]唯女子與小人（論語） 劉 嚴

即有羣女子隨之。然小人有佐小人者，即有攻小人而制小人者。夫能攻小人者，必小人也；能制小人者，必小人也。不然，必女子用小人之術，以持其短而奪其長。然則千萬小人止一小人之狀也，即千萬女子止一小人之才也。古今來可患者此二人，而實一人而已矣。于是猝然言女子與小人，不覺丈夫為之色變，智士為之心驚，巷伯為之結舌而不敢歌，南史董狐為之輟筆而不能舉。已乎已乎，其唯斯人乎！其唯斯人乎！

危悚言之下，意自吸得起。自漢唐以來，婦寺之禍烈矣。大山熟史事，故能指陳痛切乃爾。

子曰惟女子　則怨　韓菼

待下有道善養者知其難也蓋易至不孫與怨者女子小人也養之於可近可遠之間斯得其道矣夫子意謂世無不待養於君子故君子之於人必使之咸得所養而其道始大然有不可以養亦不得不養而卒至於不易養者吾為舉以警世焉其惟女子與小人乎之二者為人所必不能絕之類嘗伏於易忽而覺之也晚必至愛惡之俱窮亦處人所萬不及防之地嘗見為無能而中之也深遠為憂患之所始惟君子深知其難也其或近之耶彼其勢固甚近也而上不覺近之彼將欣然曰吾已得近也忘其身之賤而

多非分之營逞其術之工以成難制之漸是不孫之階也而何以養焉其能遠之耶彼其勢固難遠也而上必欲遠之彼將快然曰吾何以遠也不思其夙咎以開愧悔之門惟蓄其禍心以冀他日之進是怨之積也而又何以養焉惟君子知其然使之觀吾之所養正嗜欲定心氣彼一不得投以私焉者是也使之樂得其所養厚予以祿而不從其請間予以恩而不以為常彼一不得假吾權焉者是也是之謂以遠之者近之雖近而日日可遠也其敢不孫是之謂以近之者遠之可遠而時時仍近也其敢有怨聖王之世奄尹皆得其官險詖不行於壼易之家人周之二南無二道也

不作大言方是此題兩種人自記

子曰惟

有懷堂增訂全稿　下論

○○○唯女子與　一節　　顧錫疇

聖人于近習而較論其養之難也夫不遜乘于近而怨又乘于遠女子小人之難養如是哉夫子若曰天下有可以理喻者矣有可以靜（何云三句為後半立案即）禁者矣有可以情告者矣凡此皆非難也而唯女子小人為難養也（以近出遠字亦妙）

（首句空衍不得鼓急入下二句而于下二句中發難字）

世必無養女子而不近女子養小人而不近小人者不近之不知其難也近之而後知其難也獨不覩其不遜乎世必無養女子而無遠（從養之之二者說到女子小人身上）女子之時養小人而無遠小人之時者不遠之不知其難也遠之而後知其難也獨不覩其怨乎不遜之境不勝言其以女子褻女子以（承上說來）小人虐小人猶之可也且并其養之者而籠絡之使吾終近之不得

（說女子小人轉到養之之上引出後幅）

五〇一〇筆〇更〇見〇渾〇處

而欲遠之又不能蓄怨之變亦不勝言其以女子妬女子以小人嫉
小人猶可言也且并其養之者而睚眦之使吾終遠之不得而欲近

何〇云〇應〇轉〇起處　總〇挑〇入〇首句　二〇句〇合〇說

之又不能者將諭之曰吾之睚汝〻不可有驕心吾之疎汝〻不可

方見〇此〇難

有異志是理也而女子小人不有也將禁之曰有驕心者無在吾之
左右有異志者無望吾之優容是勢也而女子小人不服也將告之
曰汝能去其驕心吾庶幾終身撫之汝能消其異志吾庶幾旦暮收

含〇遠〇字〇亦〇以

之是情也而女子小人不諒也若使預防其不遜而故為似近非近

至〇訖　含〇近〇字

之術則更無假心之寄又使逆揣其怨而故為不遠而遠之法終不

以〇音〇句〇收〇住

勝屢睫之明甚哉女子小人之難養也養女子小人者其可以近習

而怨之哉○

起二股遠近分說從遠近順說到不孫與怨○次二股○〻頭分說○股末交互一筆從不孫與怨逆說到遠近○次三股○遠近合說○而前一股從遠近說起後二股從不孫與怨說起○末二股〻頭以不孫與怨分說○而股末以近含遠○以遠含近○弃互說一筆○層〻翻入○曲盡難養之義○其篇法更妙不可言○文之有讀不厭者也○

○右衡云〻此文前移俱說養之者說惟中間不孫之境二股○在女子小人一說

起○妙在并其養之者而籠絡之句○忽○說○女○子○小○人○串○入○養○之○者○以○

聯○合上下○文

子曰賜也　其禮

歲試清流縣學一等一名　田亮工

觀聖賢之用愛而得其維礼之心焉夫愛羊愛礼雖異而維礼之心則一也夫子兩明之其心不有獨至哉意謂天下惟是名與實之不可苟也故當典章大備之日則甚重夫其實而值王制既湮之後則尤重夫其名何也名者實之所由寓也所以同此頑惜之意或因其實之亡而致惜其名或因其名之存而厚望其實不得不兩明之以示天下也賜而欲去告朔之餼羊吾窮思之生古人之後而嘆大典之云亡此固吾人之感嘆良懸者也第恐慷慨其詞或失儒生守礼之志處末流之世而感往

口齒生動

試牘
制之弗復此亦吾人之繫懷維切者也特恚激烈其意反非學
士復礼之思我今有以知賜之愛矣賜也尔愛其羊乎想賜之
起見非必僅在于羊乃观于感憤之下明明欲去者餼羊而謂
賜之非愛其羊吾不能為賜解也而何弗審所愛也想賜之起
念諒非止繫于羊乃观于嘆息之餘明〻欲去者告朔之餼羊
而謂賜之忘愛其羊賜亦不能自解也而何弗慎所愛也審之
慎之而我則有我之愛矣蓋義愛其礼云尊王之大義于其礼
寓之當日者天子頒之于朝象公受之于廟此礼何煌煌也今
雖古制難幾乎而餼羊具在倘亦尊王之意隱寓于其中也我

第三冊　卷八

子曰齊一變至于魯

朱立誠

立國不以勢、聖人之論變齊者可見焉、夫齊之勢强于魯矣、夫子乃言其一變至魯、勢固不足恃哉、且國于天地必有與立、區區之勢之强弱非所論也。蓋勢弱者患在外而淺、勢强者患在內而深（深中病理）、非識微之君子、不能見之早而謀之豫也。昔夫子嘗權列[illegible]宜變者而首及于齊、若曰吾思夫齊之為國、太公所建、而官于所與也。述太公者、多稱其尊賢尚功之治、然而未可信也、以數勝義、勝太公以之輔周、而有不即以開齊者乎。嘉管子者、亦誦其禮義廉恥（清蔡語）之言、然而致足惜也、夫大臣小臣、管子所以張齊、而孰知適以病齊者乎蓋國家敦龐渾厚之遺意未盡亡則雖當衰弱之後其澤（積健為雄）猶可以久延而古初禮教信義之流風苟盡熄則雖有救興之功（所謂元氣已耗于子家）其勢亦難以遽復吾為齊計其一變至于魯乎蓋國有大體上下之分是也齊自仲父為相已有雜乎為上之嫌迨其後而愈以替（柱足○括變字意義）也四量皆登家施及國而人民竟歸之如流水無他趨也夫魯而（情致極勝）（拍合到魯）僭于大義由來久矣魯未嘗無寶玉大弓之竊而五父詛盟猶稱君命非齊不如魯之明徵乎使之少還其分而人心庶一振已立（變字至字都醒）國有大本親愛之情是也齊自公子爭立已有同室相殘之釁迨其後而愈以漓也二惠競爽又弱一个而公族反受邑于私門無

子曰齊一變至於魯（論語）　朱立誠

他機智相矜而至性衰薄有由然矣魯未嘗無徵繻饋馬之辱而
于家務人始終繾綣非人齊不如魯之實驗乎使之稍動其情而
風俗庶一轉矣然則齊果能變乎夫惟禮已亂晏子言之而終付
（說至此正是齊變不得試之意）
季世之感傷況在羈旅其能舉國以授也然則齊果能變而至
魯乎夫秉禮後亡仲孫言之而究不能動英君之悚聽於晚季
其肯降心以從也嗟夫君君臣臣嚴上下之分也父父子子篤親
愛之情也吾之所欲變齊者亦嘗陳其概而不具爾矣太公丁公
其亦有隱恫乎若夫布常無藝（不漏不支）征斂無度三老凍餒民人痛疾此
時政之缺與魯共之不在一變之數者也

採本窮源切中肯綮　原評

二國大勢瞭然在目變字中原委設施都見胸有史識而運以

古宕之筆非徒以熟于左史為工

齊一變至於魯　一章　沈德潛

齊魯之變各殊、而均可以至道焉、夫變齊較難、變魯較易、而可以至道則一也、此聖人望其能變、故嘗思天不變則道不變、若國勢（語本董子）之遷流不容不變者也、而其間難易分焉、蓋立國之規、不論勢之強弱而論理之存亡、惟就國所中弊之處、而力矯其強、力維其弱（言而決）、斯先王本王道以治天下者、可從既衰後力挽之、我深有望於齊（程子云齊之先亦是用道朱子云太）嘗考齊魯之先、為國有相等者、尚父本乎丹書、姬公秉乎官禮、雖（公治齊便有此小功利氣象此融二說而混其迹）親親尚功不能合轍、而報政無高下之分、齊魯之後、流極有相遠者、霸功盛而舉國中乎功利、公室弱而在下猶知禮、宗[illegible]雖[illegible]

趾日以消亡而受病有淺深之異之二國者唯道可以救之也而可不知所變哉齊之變在反其積習舉衆人所爭相誇耀者掃除而更張之去其外之有餘實以中之不足而朝野內外始可識人（包含一切）道之常經魯之變在起其積弱舉平日所相忍爲國者鼓勵而扶掖之本其心之未亡振以力之克非而繩墨綱維自不失方策之遺意則是狙詐之習不知何往而君還其君臣還其臣父還其父（合四比爲二股）子還其子一變焉而經制可立忠厚可幾今日之齊至於今日之魯矣是將以維禮已亂者爲再變之基也則是衰懦之氣日進於（亦望其至道此意須醒出）强而道全乎五德本乎三經分乎九誠立乎一一變焉而政刑有

紀禮樂有章今日之魯至於元公之魯矣是將以東周可為者為不變之業也若此者齊之視魯至道為難然赫然有為則難者可易也既已殫其全力必不止於半塗烏容使武烈文謨獨讓宗邦之紹述魯之視齊至道為易然荼然退阻則易者轉難也道遠者兼程可赴境邇者安坐無功烏容使風移俗易反歸強國之奮興捧政柄而為所當為日夜念此至熟也亦不能無望於齊魯之君相矣

精警

實發變齊變魯一本景公問政章一本哀公問政章不比斂積名作只辨得門面語也矣至此乃有菁華之味

齊一變至　二章

直隸宗師歲試
天府學一名　祝堃

為國而善變也而制可復古矣夫齊魯善變道即可至而古制亦可復觚又何患其不觚哉夫子所以深有慨也且天不變道亦不（如一半書）叙入[illegible]之者國家所由立而一一物亦莫不有道存乎其間自世之衰也國家日失其舊而制度日出其新君子憂之謂夫世風之升（此蓋全題）降皆吾道之與為轉移也斯道也何道也文武造周之道也遐想我周盛時報名文物天地為收小紀大綱百事備舉無[illegible]有毀方（接下大推）刓圜以自秦其古制者以故尊賢親親三年報政周公以之治魯太公以之治齊此其尤大彰明較著者也自齊魯至今亦不振矣

齊也君不君臣不臣父不父子不子齊君自言之而不能自治之

魯雖猶秉周禮而政由季氏祭則魯君蓋幾嘆息痛恨終成寡矣

頓一暑迥不同凡響

以故棘之圍鄆之潰甚至竊竊以去發羈弗守嗚呼此二國者其

古尚

悖道也有淺深其由道也有難易其變也必有因而其至也亦有

漸無不可以先王之治治之也然則斯道也何道也文武以之造

周周夫子欲舉之以變齊齊者也然而尼谿見沮接淅而行揖組

來終三月而公起視其朝廷入徹其國俗遍觀其禮樂刑政孰非

有條而不紊者嗟夫法制日淪名器易假而其他一二細事俱行

自然落下水到渠成

於古而有畔道之憂也尚何言哉何言哉故造之盛也大之典

大氣盤旋古文勝境

章之重廟堂罔弗與新道之衰也亦翫泯之幾草野無或少盡

如一觚也已有足深慨者夫大經大法之昭因不可渝也而至於纖

至悉之端亦更各有其當也既有觚也名者即當有觚也寔既無觚

淳蓄高文

亦究者即不當有觚也名亦然而以不觚當之子曰麻冕之一亦

不待以濃淡見長

而純也告朔之一變而僅供手也曲懸繁纓之一變而假以朝也

皆觚類也吾其如觚也何而觚猶其小焉者矣總之道在而補偏

救弊聿有轉移風化之權齊魯當以善變者立不變之志道不在

而厭故喜新胥開世道人心之懼觚則當以不變者术已變之漸

言外有仟其咎者潛然無際

夫常變而不變者情也不當變而倏變者妄也情不可安妄尤不

可為也。

識力高人數倍。神韻色澤。亦復動與古會。駸駸乎入分域之室矣。程與若

筆高氣古。骨秀神清。色香具俱備之文。不得僅以法律員之矣

欣書

馬君常先生稿

齊一變　一節　馬世奇

聖人以道衡變而寄思於齊魯焉夫齊魯之變有難易而能變只至道一也然則天下之為齊魯者可知已夫子意謂百世不變者道乎先王垂其統後世承其緒未可言變也乃至今日而治以張微矣正當權其可變之勢以從不變之道也蓋自西[illegible]之美不作天下無復知有道矣然道秉文武當日之精神一變而可尋其始道秉君民今日之精神以轉一變而可策也終故凡為國者皆宜變也吾且以齊魯為國是民風之概以齊魯之變為開新革故之符又以變齊變魯之所至為日計歲計難易疾徐之候[illegible]

○能

○道○字作主

○提○筆○妥○字○

○入○齊○魯

國也未問其于道何如而弟合桓公以前與桓公以後之齊[illegible]之大約一變焉至于魯也蓋臨淄之景彷彿龜蒙而道若懸而[illegible]焉矣此以一齊準衆齊知變強國有如此者矣然則魯遂無變乎非也魯弱國也勿問其於齊何如而弟合隱公以前隱公以後之魯總衡之大約一變焉至於道也蓋龜蒙之俗依稀之[illegible]而[illegible]遠而遜焉矣此以一魯準衆魯知變弱國有如此者矣抑又[illegible]治祖宗計子孫之變常不足而以道總治子孫通祖宗之變常有餘故百年禮樂或亦非幹蠱之經綸即必世深仁亦意非濟時之作用而但酌其至于道以要殊途之歸權其變于一以觀政絃之

將遒於下揆訂一一番以見變有難易

治則吾朞月三年非獨謬期以儒效蓋亦熟悉以世變而于齊魯上不覺有感也噫大道不遠悠悠我心矣

註云變而之道有難易夫子固不欲齊之一变至魯而止也若二國之俗果得夫子变之自能同歸于道但有難易[illegible]是道字作主識解極高中幅分疏齊魯二股至魯至[illegible]仍清[illegible]題面尤有斟酌

齊一變

子曰齊一變 一節 徐鼇墨

聖人欲以周道治二國、而計其變之次第焉、蓋變必以道爲歸、齊
與魯雖分難易、均之可以周道治者也、予能弗撫其時而尊望歟、
今夫國勢至陵夷之後、世猥以氣數當之、則人事爲無權矣。齊魯
不能無分其隆替。而子孫必當敬念其初宗。此中奮興之機、遲速
之故。有可按節求者。而輒謂今日之事勢、即當日早逆料其然、而
無如何也。此必不然。幾周之封建諸侯也、齊魯爲同異姓之長、師
維尚父。相則元公。咸秉周道以善建於不拔者也。詎知今日而遂
非哉。太公以變伐佐寧王至呂伋而尚留宿衛。說者謂內政號令

分疏從源頭說起。氣象俊偉

之所自祖爲顧陰符傳秘計嘗時並來有其書自數傳、劃霸以取威又數傳而代興於命中規模愈大則根本愈頁而後嗣已莫識丹書之訓周公以忠厚貽家法至伯禽而恪守親賢說者謂三以引作秀家秉國之所由兆焉顧方策有成編私室不敢去其籍君可逐而不可篡國可弱而不可亡遺澤未湮則人心未去而奕世猶堪追亦爲之容吾於是爲齊魯得變計焉且夫變欲其同歸於道也而其間因乎國勢有差等焉齊自威公五公子之爭而其臣或假推戴而陰謀其家齊有臨淄七萬户之衆而其民多舍農畝而逐末議論俊偉不凡以食今一旦遂其臣散其利勢必不能然而崔慶欒高之族後嗣

子曰齊一變 一節（上論） 徐鼇

繼亡。魚鹽蠶蛤之饒。公家無利。大勢亦殆將返耳。誠使與迂濶禮義之心。則先收公族。次抑強宗。繼整民俗。何不可然。雄振而歌騶馬之篇也。魯為天下所宗。其朝能秉周禮。而恒以敗禮貽羞。魯含數世之民。其人皆思先公。而偏與今公為敵。今一旦脩其典物。振其紀綱。才亦不逮。然而恃先王之命。奉片言而能讐強鄰之心。觀故府之書。數守典而足動名卿之慕。此風最繫人思耳。誠使無偏安叔季之習。則還賦柄於公室。正軍政以土綱。定均安於上下。夫且將祀皇祖而錫神孫之福也。齊一變而可至魯矣。魯一變。而已至道矣。蓋嘗論魯之君不若齊之強。明魯之臣不若齊之幹濟而

〇議〇論〇精〇[illegible]〇不〇刊〇

顧淺深分爲者干戈之氣不能勝俎豆之光也讀大明而歎鷹揚之功誦九罭而緬鴻飛之德堂構是其其積於所由來者遠矣且齊屢有奇功而魯不敢恃一戰之勝齊素稱表海而魯或反慶三田之歸而頓難易見焉者王澤之微終優於霸圖之盛也羨矣韶樂之聞衰也周公之夢斧柯誰假此頹然未知何日償其請乎大猶之行吾能無望於二國也哉

鎔鑄經籍指畫時勢超卓雄大非襲套膚詞而域管見者　原評

崇宏閎敞彷彿建章宮千門萬户臚列紙上真爲藝林偉觀

子曰齊一　一節　　乾隆丁酉浙江　徐　鰲　六名

聖人欲以周道治二國而計其變之次第焉蓋變必以道為歸齊與魯雖分難易均之可以周道治者也子能弗撫其時而厚望歟今夫國勢至陵夷之後世假以氣數當之則人事為無權矣運會不能無隆替而子孫必念其祖宗此中奮興之機遲速之故有可按節求者而概謂今日之事勢即當日之遊斜其然而無如何也此必不然哉周之封建諸侯也齊魯為同異姓之長師維尚父相則元公咸秉周道以貴建於不拔者也詎知今日而遂非盡太公以變伐佐寧王至呂伋而尚留循衛說者謂內政談兵之所自祖為

顧陰符秘計當時未有成書自數傳而劍霸以取威又數傳而代（受誅執井咎太公文料乾酌乎先）興於命中規模愈大則根本愈傾而後嗣已莫識丹書之訓周公以忠厚貽家法至伯禽而恪守親賢說者謂三家秉國之所由兆焉顧方策遺編今日猶存故府君可逐而不可篡國可弱而不可亡遺澤未湮則人心未去而奕世猶堪追赤舄之容吾於是為齊（荆隊整工）魯得變計焉且夫變欲其同歸於道也而其間因乎國勢有差等焉齊自桓公五公子之爭而其臣或假推戴為陰謀齊有臨淄七（變於明勢以言樂晏提綱前陳蔡）萬户之衆而其民多含農畝而逐末今一旦逐其臣散其利勢必不能然而從慶欒高之族後嗣繼亡魚鹽蜃蛤之饒公家無利大

勞亦始將逸乎誠使無迂闊禮義之心則先收公族次抑強宗繼（變齊作用三字妙）豈民俗何不可默權孫而歌駉馬之篇也魯為天下所宗其例能秉周禮而恒以敗禮貽羞魯合數世之民其人皆思先公而偏與今公為敝今一旦修其典物振其紀綱才亦不逮然而恃先王之命片言能驚強鄰觀太史之書守典猶傾晉使此風最繫人思耳誠使無偷安叔季之習則還魁柄於公室正軍政於私家定拘安（是魯大要已盡）於上下夫且將祀皇祖而錫神孫之福也齊一變則可至魯矣魯一變而已至道矣蓋嘗論魯之君不若齊之強明魯之臣亦不若（語極名貴）齊之幹濟而顧淺深分爲者干戈之氣不能勝俎豆之光也功利

猶行程也雅也　論語

之習已深禮教之風未艾堂構是基其積於所由來者遠矣且齊
屢有奇功而魯不敢恃一戰之勝齊素稱表海而魯或反慶三田
之歸而顧難易見焉者王澤之微終愈於霸圖之盛也行矣吾老
之言衰也周公之夢斧柯誰假此願卒未知何日償矣嗟乎大道
之行吾能無望於二國也哉
熟於齊魯大勢參用或問語類及陶菴十辨之旨指陳壁畫論
議名通　馮含輝
少陵觀公孫氏舞劍器渾脫稱其瀏灕頓挫獨出冠時予於作
者亦云題多佳文光燄則無以過　屈祖望　子曰褰　徐

齊一變至於魯 一章 徐方廣

聖人於齊魯而皆望其變焉夫齊之非魯也魯之非道也觀其所至皆不可不變者矣夫乎若曰今天下之不治咎在列國也苟能察其所自壞者而各自爲救則夫王道之必可復不待明者而後決矣然而齊魯于天下猶望國其視齊魯之變者尤亟而其不容不變者亦有故齊之强天下以爲莫能當也桓公管仲之所爲昔爲大利今爲大害其民皆伸機利狙喜自用貴爲吹也故齊惟無變不則以魯而救之夫以魯易齊了入不顧也然誠使齊之人舍其所漸靡而爭爲寬緩柔巽之行百年之風習渙然于一日吾審

其要 此提 二泛謀一 句方見是錄手 須與世破

○再○以○反○掉○足○之○

何憂于齊ゝ而非魯繼齊之世未有能變齊者孔魯之弱久旹知

○此○物○其○素○

其不可為也周公魯公之遺意未審家存未嘗不亡其民納宗以

○裁○要○挽○宗○遷○書○各○見○斷○制○

惇篤奉以忠信上君爭之數也說魯雖無變ゝ則以道而遷之夫

○亦○與○提○醒○

謂道在魯ゝ人不信也然誠使魯之人知其所足恃而求其所壞

發放之由周公之成法變然于一日吾復何憾于魯ゝ而非道終

○對○言○魯○有○歎○乎○

魯之世未有能變魯者也由是言之齊之所難者不患不至道患

○不○得○鈔○論○卓○識　○方○說○得○圓○足○

不遂至魯耳魯之所易者非遽一ゝ齊之至道遽于齊之至魯耳此

○數○語○簡○而○盡○

受病淺深之故也總之以伯者之政求王者之意則遠以王者之

○補此句與原起○相應○

意求王者之政則近此齊魯之所共也天下之所共也文武之治

復見于今日吾斷懸矣。

總以王道望天下、而以齊魯爲對症之治、漸復之南渾〻誠之。

使人涵泳而得味之所以念永也。凌駿甫

着眼正在爲變字、不必規〻執一道以相較量也。齊變至魯、孔

剔妙藥最難信〻、則無不投〻、則無不效、而至道亦無難矣。此

文先於變齊處見讀言微中之妙、所以變魯至道、迎刃而解。凌

仲遠

所至不同之故、人能言之。然所以變之者畢竟如何、人才都無

確見。此即從題中看出、以魯救齊、以道進魯、即是變之〻法程

予所謂圖其言以考之。則藴為綫患之序畧可見者確不加此。

可謂老眼無花。妙絕妙絕。王耘[illegible]

為政不在多言。有體有要。只數語低徊鍉渭。自高深切事情。

子曰齊一　一節

歲試南靖縣學一等二名　許爭奇

引齊魯以至道、東周之願也。夫齊之變在昔、魯之變在後、要皆以道可至也。知至、至之東周其可爲乎、昔周公太公股肱周室、夾成王後國於青兗之間、識者以爲周道東矣。奈何奕葉以還、上異教下異俗、先王之澤幾泯焉。夫子思其祖宗而還望其丁斯慨然曰、吾安得暨齊更化之術、而使齊魯復其舊哉。（齊○高○之○呼○）（魯○識○不○列○）要齊魯之初無齊魯也、周道也。道可以齊萬國、而姬呂定論道之[illegible][illegible]一風（其○源○同○）俗、而齊魯得風氣之始。斯時也、二國於道猶矣、未嘗更（其流異）何煩變之、未嘗離之、何煩至之也哉。嗣是而不可問矣。齊變而伯矣、[illegible]

利之雜陳視魯爲强而去道愈遠魯變而襄矣綱紀之不張視齊
爲弱而去道猶近嗟乎此猶可因循苟且而安於不變哉　猶可
較量難易而變而不至哉一物莫患乎得半而止先　禮樂標其
棄○館○一○新○補○空○舊○料
岸以待人之登者原有造極之望苟其中道而畫出淺勝于岐各
變○齊○非○挽○欲○其○至○焉
而趨乎齊之宜變謂其不讓道以全非僅不讓魯以半也中人後
西京之舊先開宗國之風要非經其途而驟止也吾願齊之由魯
而臻道岸矣莫患乎蒙舊而安先王之謨烈啟其樞以垂後一
法者原資紹述之明苟其自崖而反亦何異于相背而馳乎魯之
變○魯○原○非○角○勝○于○齊
宜變正宜再見其道之新非徒角勝于齊之舊也惟克修王事之

紀。蓋語伯圖之盛要非驟其業而苟安也吾願魯之先齊而入道樞焉夫報政陳風之始道同而繁簡異致蓋以至爲期初不必（先儒多有異論得其疑渙爭消）共此從入之途也故至魯至道義無取乎故迹之需同苟各因之朝野之積弊而一再振興鼓其所易而勉其所難則祖訓是繩何遂歎于丁公伯禽之舊抑信義奔詐之遺道失而亂益異俗然惟變所適又貴權乎目前之要也故至魯至道幾催今[illegible]旦暮之疾徐倘各視乎政教之張弛而互爲進退則難者非難[illegible]者非易是前愆克蓋又何憾乎僖桓莊閔之君（故苟難練）蓋齊魯本周道之全寄惟方岳無巡于孫失序於風流之遷降殊其勢而道寔齊魯之救物故盟府可藏。方策可舉。于一日之鼓舞轉其機。噫。觀于一變之間。而知王道之易〻也。吾夫子東周之願。始于齊魯三致意〻。總以禮學為把握。而二國同異。變源流畢見。程〻請施為次第之序。亦從暗明得之。視但作掀髯抵掌態者。音旁轉無此沉至也。

氣勢雄渾。真可辟易千人。　儲六雅

按切兩國形勢言之。鑿〻。真有捫虱而談。旁若無人之槩。那得不推名手〻。　徐滋齋

子曰齊　許

齋　　陸師

慎所以交神者惟聖人乃能齋矣夫齋者神與人之通也不慎其
何以通雖齋猶不齋矣故推夫子而後可以齋嘗讀聖人之立教
也往往詳于事人而畧于事鬼蓋以人道邇神道遠也雖然遠者
在可知以邇者通之則神事莫非人事矣是故夫子之所慎齋其
一也君子之志氣如神神則清明在躬雖不齋而常齋也而況乎其（四比俱重題前托起正面便綽有餘也）
絜齋以相見也明神之鑒觀有赫則在在陟降即非齋而如齋也
而况乎其越宿而行事也請禱原非所欲而邀福于神與行法于
心此心自有公私鬼神素所歆遠而明乎其理與盡于其事此念

交無缺此其齋之內事則祖宗也方將思其嗜好焉方將思其飲
食焉俱于齋乎遇之矣一有不慎是以子（慎字反面）而忽其父以孫而黷其
祖而欲求其嗜好飲食尚可得乎其齋之外事則五祀也方將凜
乎在上焉方將忽乎在左右焉俱于齋乎承之矣一有不慎是室
事而不交乎戶堂事而不交乎階而欲見其在上在左右其可得
乎易衣彝御齋也而非子之所以齋也目（慎字正面）無他視耳無妄聽手足
無異動使吾之志氣與神之志氣有幽明而無間隔斯則聖人之
精誠而已矣三日七日齋也而非手之所以齋也目若有見耳若
有聞手足若有所約束使吾之形體與神之形體以二氣而為一

氣斯則聖人之神明而已矣觀易而得齊之義焉夫子不嘗曰所

慎字引經

以窮鬼神之情狀乎至于其情可通其狀可得而內之處外之際

更無論也慎可知也讀禮而得齊之説焉夫子不嘗曰以祭則受

福乎至于神歆其祀鬼饗其食而意之專心之一更無論也慎何

題後補義

如也蓋常人不慎何與不齊苟且玩易之心積之平日而特假一

齊以當悔過之期聖有不齊必無不慎畏天循理之念守之終身

而更借一齊以為歛束之地故曰惟聖人為能事神

步驟層折無義不洞濯而出雄深老健如見秋隼于華項峯尖

沈速山

子曰齊一變

陳兆栻

聖人志在黜霸，先有意於變齊焉。夫齊爲霸國之餘，雖變皆齊，而亟宜變者亦齊也。予故首念及於齊之一變歟。且夫國之最宜更化者，不能遽示以會歸之似也，而必先啓其移易之端。何則？虛懸一致治之隆軌，望以爲趨，而急功近名之念，乃先入而爲之主。君子以爲其中於人心者已深，恐其據而安焉，而不知更化之不容須臾緩者，正自此始也。今天下亦孰不當變者哉？然而變以去其甚也，則於齊爲最難；而變之開其先也，亦唯齊爲最亟。蓋齊者，不忌厚之可以培國本，而務爲不世出之功，以成一國之財力土

成均小題選　十五

五霸雖起於中原齊何以首策夫招攜懷遠十。視模亦多然大矣正。唯好為其大而綱紀所關一任其縱弛而不為之所今讀乘焉諸篇政可以作令可以寄乃知君臣相經營而思後都祖宗險之而子孫更甚之而其勢遂縱於積重而難返下焉者不誠札之可以靖人心而托於不猶人之歎以震一時之耳目夫四民散處於列國齊何以獨見為要難言哉其風會亦矯然異矣正惟處。趨於興而倫常所繫反視為庸近而棄之如遺迄今讀淡狼諸作謂我為臧其人斯美乃知彼與此欣喜以相誇者里巷傳之而輸軒已操之而其情更幾於絕處而無則甚矣齊之難于變乎夫子曰以言乎變固未可一蹴幾也而所尤亟者莫如齊則安得不自齊始將於伯業之因仍者而更張之則必振作於上而變之以決務兵車之勇當思加不可遏也市魚鹽之利更懼貨不可殖也決然舍去乃以改途易轍而為閭閻補其偏況爽輔在王室原非尊尚乎陰謀則令目君令臣共自可曉然於禮能已亂所患變之者之不能致其決取將於澆風之漸漬者而滌洗之則必導于下而變之以漸變甫田之務不如其無越雖也慕盧令之儀不細其有修容也漸與推移將使一日改觀而為百年化其迹[illegible]者難有仲孫早已微窺夫治本則當此蹂貴[illegible]賤庸之憮然於信有未

乎此在變之者之有能盡以濟身雖然齊國非以一變且乃事也

筆〻注定全章神理而絶以俊偉之氣行之其得力于熊劉者深矣

齊一變至　全節

陳際泰

聖人思以道變天下而權其難易之勢焉夫變而不至于道終苟而已齊至之難魯至之易可不勉哉昔先王之以道治天下也本之以仁恕而統之以禮樂當時取天下之累多浮之太公而治天下之道多浮之周公君臣講畫之者非一日矣方奠天下世世守之不謂二公之子孫乃先變也雖然既可變而去乎道亦可變而歸乎道自我權之齊一變乃至今日之魯乎魯一變遂至昔日之道乎齊之為魯強久矣而政惟其強所以變之差難也不變而即為伯者固難變而猶不為王也魯之為齊弱久矣而坎惟其弱乃所以變之差易也不變而自安伯者之後者固能變而可為王者之師也蓋有天下之勢

（後大議論大氣縱橫如長江之東注）

（其理已盡）

（突起奇峯）

有一國之勢天下之勢觀乎受命之王而一國之勢亦觀乎始封之祖周以忠厚立國類乎老之所爲而積久不得不弱太公矯其弊之必至獨振之以強魯以周公遺訓依乎周之所爲而積弱不得不衰太公之子孫承其流之所趨或受之以饒蓋當二國報政之初固已知其勢之至乎此也然而先王之道以典章爲質以風俗爲端斯二者魯也存之而齊也去之夫齊不獨修其典章而且先易其風俗魯不必慮斯二者而但獨作其精神故齊不如魯其勢易見也二國之子孫亦可以自謀已

論幸力起非小儒所解

遊是藝處之妙

見齊氣大勢變之難由自扎起天然

才識如大士先生方許談論古今他人姑且閣筆　倪師霍

齊一變至　一節　　黃淳耀

兩國之變不同、而均可以至道焉、夫齊魯之季世、皆非其初矣、變之雖有難易、要之以周道為準也、令夫一國之勢、嘗聽于開國之人、人亡而勢變、則必驅一國之人、以聽一國之勢、此治亂之大較也、有賢者作、從已亂之後、而力矯之、則守國之難、與開國等、雖然其致亂之淺深可攷也、而其致治之遲速可推也、請以齊魯論、魯之先周公是以周道治魯者也、齊之先太公亦以周道治齊者也、

齊魯開國本同提清字字立案

齊魯末流漸異雖係子孫之過亦從源頭

然太公以暮年戡亂則于禮章樂舞之事未昭以詳、而後世之言

生有分別未制精確

其者得託焉託之者衆則雖子孫亦自誣其祖宗而益以陰四

立國之本于是僖公小伯于前敬仲九合于後齊之規模恢（雖強去遠）
矣而綱維繩墨漸即于消亡周公以七年致政舉凡建官立政之
細並有成書而後世之言禮者得據焉據之者深則雖君父已自
逾其短垣而終以陰柔為禦侮之資于是肩隨于陳鄭之間依倚（雖弱去道猶近）
于齊晉之國魯之氣象萘然衰也而文物聲明尚支于不墜是故（總說變之有難有易出題面也）
齊之難變者數端而陳氏不與焉魚鹽盡守于國則其利難散也
公族盡失其邑則其本難固也並妻匹嫡習為固然則尊卑上下（此句中醒一變至魯意）
之序難正也若此者魯之所無齊之所有今日之齊所有而太公
之齊所無也魯之易變者數端而三桓不與焉其國無奇功則服

器易守也其戰無奇捷則禍亂易消也其通國大都無奇衰則尊
尊親親之風易復也若此者至魯而半至道而全魯一變而周公
補、筆、抑、是、題、中、應、有、之、意、二國之
之道得全猶齊再變而太公之道得全也然而齊多潤達之才與
終不能變是題後文字
之言更化必抵掌而起及其迴翔馴擾則又不能終日魯以相忍
為國與之談王道則本末粲然求其慷慨激發則又終無一人坐
是周公太公之初竟不可復而說者弃移其咎于開國之人且以
為知有今日也豈非誣哉

斬釘截鐵

由源及流剖別難易守、從秤上秤來讀書論世之文以

極則。陳氏三桓雖係二國盛衰。然使聖人得政。從大處

區區權臣。不待痛而自服矣。不與句最確且正。屬文字波瀾無

容指摘。至梁肉鍼石二股。竟似策論體識。論又不甚的。故從汪

本删之。尉若

一六

蔡一夔　黃

齊一變至　一節　　黃淳耀

兩國之變不同，而均可以至道焉。夫齊魯之季世，皆非其初矣，變之雖有難易，要之以周道為準也。今夫一國之勢，嘗聽於開國之人，人亡而勢變，則又驅一國之人以聽一國之勢，此治亂之大較也。有賢者作，從已亂之後而力矯之，則守國之難與開國等。雖然，其致亂之淺深可攷也，而其致治之遲速可推也。

提道字

請以齊魯論。魯之先周公，是以周道治魯者也；齊之先太公，亦以周道治齊者。

不同亦是起先有弊病，文能洞見源頭，却又深為十公四韓

同自周道却行

然太公以暮年戡亂，則於禮章樂舞之事未暇以詳，而後世之言兵者得托焉。托之者衆，則雖子孫亦自誣其祖宗，而侵以陰權為立國之本，於是蓓公

天崇文讀本新編　上論

小伯於前敬仲九合於後齊之規模恢然大矣而綱維繩墨漸即於
消亡周公以七年致政舉凡建官立政之細並有成書而後世之言
禮者得據焉據之者深則雖君父已自踰其短垣而終以陰亦為禦
侮之資於是有隨於陳鄭之間依倚於齊晉之國魯之氣象蕭然衰
也而文物聲明尚文於不壞是故齊之難變者數端而陳氏不與焉
興衰極大事如何不與
魚鹽盡守於國則其利難散也公族盡失其邑則其本難固也並妻
匹嫡習為固然則尊卑上下之序難正也若此者魯之所無齊之所
有今日之齊所有而太公之齊所無也魯之易變者數端而三桓不
與焉其國無奇功則服器易守也其戰無奇捷則禍亂易消也其過

國大都無奇衺則尊〻親〻之風易復也若此者至魯而半至道而全魯一變而周公之道得全猶齊再變而太公之道得全也然而齊多瀾達之才與之言更化必抵掌而起及其迴翔馴擾則又不能終日魯以相忍為國與之談王道則本末粲然求其慷慨激發則又終無一人坐是周公太公之初竟不可復而說者并移其咎於開國之人且以為知有今日也豈非誣哉程子謂齊由桓公之霸太公之遺法變易盡矣則齊之難即至道壞於管仲不壞於太公也齊初亦本周道正與程子言合第朱子云太公治齊時便有些小功利氣象尚未見得被管仲以功利驟

補再變同歸周道應起意

深為太公回護

雜其心大段壞了然則管仲之變亦太公原頭有以致之文於源流差別能灼見其所以然而遂相較處亦切實可據所欠者於弊病儘說得徹而所以為變及至魯至道處不曾有着落亦只是辯才勝本領鬆耶

施志仁升

剖晰兩國盛衰升降難易之故極其明了但原本齊再變而太公之道得全下尚有二段以治病立論竟似兼論且其論變齊處謂欲變強使之弱則聖人不應迂濶至此故刪去之○齊俗之急程于專責桓公朱子兼不滿太公此文說太公開國時已不及周公然却深為太公回護兼採程朱之意而參以已見持論最為平允

以雄渾總論

委委說來

最題前

齊一變至　一節　黃淳耀

兩國之變不同而均可以至道焉夫魯之季世皆非其初矣夫變之雖有難易要之以周道為準也今夫一國之勢嘗臨乎開闢之亡而世變之則又驅一國之人以聽一國之勢此治亂之大較也有賢者作於已亂之後而力矯之則守國之難與開國等雖然其致亂之淺深可攷也而其致治之遲速可推也請以齊魯論魯

提道字識見卓然

之充周公是以周道治魯者也齊之先太公亦以道治齊者也

從齊魯源頭上說出起先業病何云成哀升降之掌

然太公以暮年戡亂則于禮章樂舞之事未暇以詳而一世之言兵者得托焉托之者衆則雖子孫亦自誣其祖宗而浸以襲惟為

說變之有難有易是題眼

懺筆

立國之本于是僖公小伯于前敬仲九合于後齊之規模憾然大矣而綱維繩墨嶄即于消亡周公以七年致政舉比建一立政之細並有成書而後世之言禮者得據焉據之者雖君父已自踰其短垣而終以陰柔為禦侮之資于是肩隨于晉鄭之間依倚于齊晉之國而已之宗象藹然衰也而文物聲明尚支于不衰是故一難變數端而陳氏不與焉魚塩盡守于國則其利難散也公族盡矣其邑則其本難固也並妻匹嫡習為固然則尊卑一下之序難正也若此者魯之所無齊之有今日之齊所有而太公之齊所無也魯之易變若數端而三桓不與焉其國無奇功肘服

慨二國之不能
實是題後

諸易守也其戰無奇捷則禍亂易消也其通國大都無奇衰則尊
尊親親之風易復也若此者至魯一　至道而全魯一變而周公
之道得全猶齊再變而太公之道得全也然而齊多淵達之與
之情尊　目擊而手指由熟乎更
易更化　然堂而起及其廻翔馴擾則又不能終日魯又相忍
為國與之談至道則本末粲然求其慷慨激發則又無一人坐
是周公太公之初竟不可復而說者并移其咎於周國之人且以
為知有今日也豈非讖識
從春秋齊魯追原到太公周公并根究到同本周之立國拈
出治道有淺深故沾染遺化有厚薄泝流尋源令兩國情勢洞

然別白其文詞奔極激昂駿厲　仇滄柱
齊俗之惡程子專責桓公朱子兼不滿太公此文說〻公開國
時已不及周公然却深為太公回護無採呂　忌而務以已
見論最不磨　汪武曹
俯仰升降〻〻之本〻籌畫難易確〻鑿〻入後惋惜其〻不能
反讀之令人欲擊唾壺其骨則史漢其氣則歐蘇　石門氏評
此文以說弊病儘透徹說變法無著落俞寧世云中比雖　反者
數端則去之即變法也易變者如　則復之即變法也此正古
人反中有正龐中有定之妙又以陳氏三桓不與此是兩國興

齊一變至 一節 黃淳耀

兩國之變不同而均可以至道焉夫齊魯之季世皆非其初矣雖有難易要之以周道為準也今夫一國之勢嘗聽於開國一人亡而勢變則人驅一國之人以聽一國之勢此治亂之大候也有驗者作後已亂之後而力矯之則寄國之權與開國分雖然茲致亂之淺深可致也而其致治之遲速可推也請以齊魯之先周公是以周道治魯者也齊之屯太公亦以周道治齊者也然太公以暮年戡亂則於禮章樂舞之事未暇以詳而後世之言齊者得托焉是也者終則雖子孫亦自誣其祖宗而浸以陰雜為京國之不於兆估也

提○定、守、○自○周○來○到○有○

○不○開○放○足○[illegible]○少○有○[illegible]○[illegible]○文○疏○洞○見○[illegible]○頭○却○又○[illegible]○[illegible]公○[illegible]

小伯於前微仲九合於後齊之規模恢然大矣而綱維綿邈漸而替

淄亡周公以七年致政聲乃建官立政之細靡有成書而後世之言

禮者得據焉據之者深則難侈父已自踰其經據矣終以陰柔為禦

備之資於是有隨於陳鄭之間依倚於齊晉之國晉之氣象蕭然衰

也而文物彬明尚支于不墜一變致齊之難變者數端而陳氏不戮乃

興　題擬大帝如何不戮

足云此為國

魚鹽盡守於國則其利難散也公族盡失其邑則其本難固也並要

世嫡習為固然則尊卑上下之序難正也若此者僖之所無矣一所

有今日之齊所有而大公之齊所無也齊之易變者數端不一計劉

與焉其國無奇功則服器易守也其戰無奇捷則禍亂易消也其遠

兩國之變不同，而均可以至道焉。夫齊魯之季世，皆非其初矣，變之雖有難易，要之以周道爲準也。今夫一國之勢，嘗聽於開國之人；亡而勢變，則又驅一國之人以聽一國之勢，此治亂之大較也。消贊者作，從已亂之後而力矯之，則守國之難與開國等。雖然，[illegible]致亂之淺深可攷也，而其致治之遲速可推也。請以齊魯論[illegible]周公是以周道治魯者也，齊之先太公亦以周道治齊者也，然太公以暮年戡亂，則於禮章樂舞之事未暇以詳，而後世之言兵者得托焉，托之者衆，則雖子孫亦自誣其祖宗，而浸以陰權爲立國之本，於是桓公

提道字　門皆卻有

不同亦是起先有弊病文能凋乏源頭卻人深爲太公以[illegible]

小伯於前敬仲九合於後齊之規模恢然大矣而綱維紀墨漸即于消亡周公以七年致政舉凡建官立政之細並有成書而後世之言禮者得據焉據之者深則雖君父已自踰其短垣而終以隰桑為禦侮之資於是肩隨於陳鄭之間依倚於齊晉之國魯亦無家蕭然衰也而文物聲明尚支於不墜是故齊之難變者數端而魯氣亦不與焉

只云比兩國、

此哀極大事如何不與

然鹽盡守於國則其利難散也公族盡失其邑則其本難固也並專匹嫡習為固然則尊卑上下之序難正也若此者魯之所無齊之所有今日之齊所有而太公之齊所無也魯之易變者數端而三桓不與焉其國無奇功則服器易守也其戰無奇捷則禍亂易洩也其通

匪大都無奇衰則尊〻親〻之風易復也若此者至魯而半至道而全齊一變而周公之道得全猶齊再變而太公之道得全也然而齊（呂云補再變同歸周道隱然契合）多濶達之才與之言更化必抵掌而起及其迴翔馴擾則又不能終且魯以相忍爲國與之談王道則本末栔然求其慷慨激〻則又終無一人坐是周公太公之初竟不可復而說者并移其咎於開國之人且以爲知有今日也豈非誣哉（深小而纡回作）

程子謂齊由桓公之霸太公之遺法變易盡矣則齊之弊即至道壞於管仲不壞於太公也齊初亦本周道正與孔子言合第朱子云太公治齊時便有些小功利氣象尚未見得被管仲以功利馭

雜其心大段壞了然則管仲之變亦太公原頭有以致之文勢源
流差別能灼見其所以然兩邊相較處亦切實了遠所欠者於弊
病儘說得徹而所以爲變及至魯至道處不曾有着落亦莫是辨
才勝本領鬆耶 呂晚邨
剖晰兩國盛衰升降難易之故極其明了但原本齊於變而太公
之道得全下尚有二股以治病立論竟似策論且其論齊處謂
欲變強使之弱則聖人不應迂濶至此故刪去之 齊俗之惡程
子駁責桓公朱子兼不滿太公此文說太公開國時已不及周公
然却深爲太公回護兼採程朱之意而參以己見持論最爲平允

齊一變 一章

黃淳耀

兩國之變不同，而均可以至道焉。夫齊魯之季世，皆非其初矣。變有難易，要之以周道為準。今夫一國之勢，當聽于開國之人，七（題前）而勢變，則又驅一國之人以聽一國之勢，此治亂之大較也。（補出變字緣由，論有原委）有賢者作，從已亂之後而力矯之，則守國之難與開國等。雖然，其致亂之淺深可攷也，而其致治之遲速可推也。請以齊魯論。魯之先周公，是以周道治魯者也；齊之先太公，亦以周道治齊者也。（齊魯並提，過字楚略還簡）然太公以暮年戡亂，則於禮章樂舞之事未暇以詳，而後世之言兵者得（所云此小功利氣象，即從此看出）託焉。託之者衆，則雖子孫亦自誣其祖宗，而寢以陰權為立國之

正以秀大而去甚遠

本於是僖公小伯于前敬仲九合於後齊之規模恢然大矣而紀綱維繩墨漸即于消亡周公以七年致政舉凡建官立政之綱並有成書而後世之言禮者得據焉據之者深則雖君父已自漸其短垣而終以陰柔為樂侮之資于是肩隨于陳鄭之間依倚于齊晉之國魯之氣象藹然寒也而文物聲明尚支于不壞是故齊之難

俞云徹此等有卓識

變者數端而陳氏不與焉魚塩盡守于國則其利難散也八族盡失其邑則其本難固也並妻匹嫡習為固然則尊卑上下之序難正也若此者魯之所無齊之所有今日之齊所有而太公之齊所

韓句儀

無也魯之易變者數端而三桓不與焉其國無奇功則服器易守

也其戰無奇捷則禍亂易消也其通國大都無奇褒則尊尊親親
之風易復也若此者至魯而半至道而全魯一變而周公之道得
雖補造化天無功　入俞於時文
全猶齊再變而太公之道得全也今有兩人於此其一疾在本者
體不合然作論極鎔且變穿方有著落
也其一疾在標者也疾在本者飲食起處盡如平日而其患將中
于膏肓識者為鍼石以伐之則其人亦稍弱矣知其弱為將愈之
所以必須一變
徵則知其强為必死之疾也此變齊之說也疾在標者精神元氣
不改故常而其外若有所大苦識者為粱肉以衛之則其人亦遂
看出也是一變難處
强矣知其强為禮之所有則知其弱為禮之所無也此魯之說
結出一國所以終不能魯之故都極切
也然而齊多闊達之才與之言更化必抵掌而起及其回翔馴擾

黃陶菴文鈔　齊一變　二　補　論語

則又不能終日曾以相恐為國與之談王道則本末槩然求其悚惋明發則又終無一人坐是周公太公之初竟不可復而說者并移其咎于開國之人且以為知有今日也豈非誣哉

史記伯禽三年報政太公三月報政云云此秦漢間謬說也其辨有十蓋南面而君一國以傳子孫以成教化此大事也其立政之繁簡報政之遲速周公於伯禽必嘗面命手畫而後遣之豈待報政之後始詰其遲其辨一也子產授政子太叔猶有寬猛之說如周公率爾而遣伯禽是不如子產如周公先有以教伯禽而伯禽違之是不如太叔其辨二也國無成俗頃轉移何

如耳孔子生数百年後猶思變魯豈有三年之内立法一定如
素之染緇其辨三也按魯公之國在成王踐祚之初周公攝政
方始如以太公之簡易為善則失之于魯猶可移之於周也今
乃三年而定東土七年而還政然後營洛邑居九鼎先是官政
尚未次序至是乃作周官〻得其宜乃作立政〻涵濡漸漬殆有
甚焉是周公善〻而不能行也其辨四也洛誥無逸等篇訓辭
諄復卒不聞有所謂簡易之說其辨五也三年者報政之常期
虞廷三載考績孔子亦曰三年有成伯禽之報所卽孔子之所
謂成也豈得云遲其辨六也太公以丹書授武王孟子叙見知

以禹卑伊萊為比。若出于一切苟簡之法。何以為太公。其辨七也。伯禽變其俗。革其禮。喪三年然後除之。故遲。太公既云從俗。則喪亦不必三年而後除乎。其辨八也。鄭康成謂太公為周太師。未嘗就封。同屬漢儒之說。安在鄭說不可據。其辨九也。淮南子韓詩外傳皆載此事。而與史記各異。足見其為傳疑之說矣。其辨十也。附識於此以質高明。　自記

一變再變。只在治蹟風俗上講。陳氏三桓。此又事權下移。不在此。倒譬之病症。齊要先發散。後補理。魯則竟用補理。至於癰疽之毒。另屬瘍醫所治。中間撇下此二項。最有識。　俞寧世

此文喫緊處有二。一在提出周道。見齊魯之治本自同原。不抹倒太公。却就其中看出些小差別。總世乘之末流益甚。以至去道愈遠。若果能一變至魯。自然斷不以至魯而止。一在別齊魯之病。一在本。一在標。以警於鍼石梁肉之喻。鑿然各還他一變而變之難易自見。但前一截人所共知。後一截則或以其近於策略氣而掊擊之。夫文到至處。豈能復顧肉眼。且無此則一篇議論都無歸宿。俗本刪之。大謬。或又有云前輩文概不可刪動一字者。愚謂刪之果當。即先民有作。應亦莫逆於心。況取其便於後學。亦何妨稍稍更定。然須謹之又謹。至其命意所在。斷不容淡此則尤宜着眼耳。文極警快。然舉竟非制義體裁。所剛發而終欲乙之。大樽陶庵兩先生文。鄙見以此別裁。頗者。不能盡割着。然於諸家評論亦已多所異同。俟精於文律者鑒之可也。

齊一變　節　　黃淳耀

兩國之變不同、而均可以至道焉、夫齊魯之季世、皆非其初也、變有難易、要之以周道爲歸者、今夫一國之勢、嘗聽于開國之人、人亡而勢

善守者智變古今理勢則同

變、則又聽一國之人以聽一國之勢、此治亂之大較也、有既亡者作、從已亂之後而力足、則守國之難、與開國等、雖然其致亂之淺深可而其致治之遲速可推也、請以齊魯論、魯之先周公、是以周道

並從周道始此有見識　同歸周道

治魯者也、齊之先太公、亦以周道治齊者也、然太公以暮年戡亂、則

卻有不同亦是洗先有緊矯此斯論得明暢

於文章樂舞之事、未暇以詳、而後世之言兵者得托焉、托之者衆、則雖子孫亦自誣其祖宗、而浸以陰權爲立國之本、于是僖公小伯于

（正于遠處丟道遠他消亡紀不是綱維絕墨）
齊亦仲九合於後齊之規模㦬然失矣而綱維繩墨漸即于消亡周
公七年致政舉凡建官立政之細並有成書而後世之言禮者得
據焉據之者深則雖君父已自踰其短垣而終以陰柔為禦侮之資
是奇隨于陳鄭之間依倚于齊晉之國魯之義象蕭然衰也而文
物聲名尚支于不壞是故齊之雖變者數端而陳氏不與焉魚鹽盡
（此是亦國興衰狂入事知）
（行不然此亦謬議貞肰大見）
守于國以其利難散也公族書失其邑則其本難固也並妻匹嫡習
為固然則尊卑上下之序維匹也若此者魯之所無齊之所有今日
（明甚）
之衰所有而太公之齊所無也魯之易變者數端而三桓不與焉其
閥無奇功則服器且等也其戰無奇捷則禍亂易消也其過大都

[子曰]齊一變節（上論）　黃淳耀

無奇表則尊〻親〻之風易復也若此苟〻魯而半王道〻工魯乃一變而周公之道得全猶齊再變而太公之道得全也今有兩、於此（補再變同歸周道一氣意）（古文老境不妙觸俗眼日取義創）其一疾在本者也其一疾在標者也疾在本者飲食居處蓋如平日（何減）而其將宁于膏肓識者為之一石以伐之則其人亦稍弱矣知其弱（應手口）為將愈之徵則知其強為必死之疾也此變齊之說也疾在標者精神元氣不改故嘗而其外若有所大苦識者謂粱肉以衛之則其人亦遂強矣知其強為體之所有則其弱為體之所無也此變魯之（摹寫情事如神真具長才也）也然而齊多潤達之才與之言更化必抵掌而起及其迴翔躑躅則又不能終日魯以相忍為國與之談王道則本末燦然求其慷慨

明歟則人終無一人坐是周公太公之初竟不可復而說者并移此
厂開國之人且以為知有今〻也豈非誣哉
史記伯禽三年報政太公三月報政云〻此秦漢間謬說也其去
有十蓋南面而君一國以傳〻孫以成教化此大事也其立政之
綠簡報政之遲速周公於伯禽必嘗面命手畫而後遣之豈待報
政之後始訝其遲其辨一必〻奄授政于太叔猶有寬猛之說如
周公率爾而遣〻于禽是不如子產如周公先有以教伯禽而伯禽
遂之是不如太叔其辨一也國無此俗頗轉移何如耳孔　主敎
百年後猶已變舊豈有三年之內立法一定如素之染然　此構三

也按魯公之國在成王踐祚之初周公攝政方始知以太公之簡易為善則失之于魯猶可移之于周也今乃三年而定東土七年而還政然後營洛邑居九鼎先是官政尚未次序至是乃作周官官得其宜乃作立政涵濡漸漬殆有甚焉是周公善而不能行也其辨四也洛誥無逸等篇訓辭諄復卒不聞有所謂簡易之其辨五也三年者報政之常期虞廷三載考績孔子亦曰三年有成伯禽之報政即孔子之所謂成也豈得云遲其辨六也太公丹書授武王孟子叙見知以禹臯伊萊為比若出于一法何以為太公其辨七也伯禽變其俗革其

故迎太公既云從俗則喪亦不必三年而從余乎其說
成謂太公為周太師未嘗就封國屬漢儒之說安在鄭箋[illegible]
共辨九也淮南子韓詩外傳皆載此事而與史記合異足見其僞
傳疑之說矣其辨十也附識於此以質高明　自記
史記云云先儒亦多不信其說朱子謂略有此意但傳者過耳程
子謂齊縣桓公之霸太公之遺法變易盡矣則齊之難即至道壞
于管仲亦不壞于太公也齊初亦本周道正與程子言合弟朱子云
太公治齊時便有些小功利氣象而未見得被管仲以功利駁雜
其心大段壞了然則管仲之變亦太公原頭有以致之文于源流
差別能灼見其所以然兩邊核較處亦切實可據此史家師子兒
也所欠者于數病盡說得微而所以為變及至魯至道處未着有
着落亦莫是辨才勝本領敷而

子曰齊一　於道

趙勳

聖人思以道變齊魯，而先定其難易之等焉。夫變齊變魯，均欲其至於道也，然而難易則固已較然矣。故夫子曰：昔我先王以道治天下，猶歟盛哉。而其時太公則得之以治齊，周公則得之以治魯，使後世子孫守而弗失，雖其道至今存可也。乃至今日而變故亦已甚矣。雖然，世無平而不陂，則昔日所以變而去乎道者，二國不能保其終；理無往而不復，則今日亦可變而之乎道者，二國猶能反其始。顧吾謂齊魯皆宜用變，變之者皆宜以道為歸，而或順或逆之際，則其勢然也。何者？齊自桓公創霸以來，視魯有倍強而不

志○臨

高○甘○真○將○得○響

焰外奇存○見

闈海偉觀　論語

知正惟強也道之所以蕩而無餘也於是移而易之其法利用之（的當）變詐以義變詐以信變功利以禮教盡去其所喜以不至於罹害而後人心風俗庶幾有醇朴之遺也齊之變然也魯自文公失政以来視齊為較弱而不知正惟弱也道之所以微而仍留也於是振而興之其法利用爲君變而自強臣變而自抑政事變而明作務去其所狃以不惰於苟安而後紀綱法度依然有勵精之實也魯之變然也雖當日者尊賢尚功以治齊周公已逆知有臣子之禍尊尊親親以治魯太公已預決其孫子之衰而積強積弱之勢前人亦不能杜絕其弊之所從生而總懸其勢以俟後人之補救

流水對氣勢异常

及今日者齊逞力而浸淫於雜霸已大懷高山乘馬之書魯式微而僅守其舊章尚未忘易象春秋之故則為難為易之數宜各奮其力之所自至而皆可造其極於周道之精微吾是以惓惓重有望於齊魯也

雅裕秀整不纖不濃原評

前人作此題不乏俊偉之論然亦未免墜落一偏似不若是作之的當而圓緊也庭開

齊一變至　一節

廣東吳學院科試
韶州府學二名　廖履謙

至道有難易之分，其政俗之相沿使然也。夫治莫不以至道為期也。然而齊變僅至于魯，魯變遂至于道，非政俗殊而何以難易判然若此。且狃目前強弱之形而遽判國勢盛衰之局，此未足與言純王之上理也。蓋國強者勢常伸，或形全而神已耗；國弱者勢必屈，或氣餒而真未彫。則純駁之分，即以定挽回之漸，要在各審其（泥要）勢而翻然更始也。今夫致治期登于隆古，（來有自）良法必本乎先王，國必以至道為歸也審矣。然而風俗之相沿不同，則　　朋之轉移亦異。（落題如高崖轉石）試以齊魯論，臨淄誇萬戶之雄，早識丁口之生聚；況乎幅員廣派地倍群侯商賈通而族多豪右疇屑以泱泱東海較難圖于龜蒙鳧繹之墟敬宇禀元公之訓僅以忠厚樹風聲而手懸蓄嗟而家無長物野草盡而國有石田嗟歎以巖巖泰山遂抗衡乎渤海瑯琊之盛一番是則將謂魯不如齊矣哉而不知以道為齊之變而至也難魯之變而至也易張四維以立國齊豈忘乎禮義廉恥之防然而弊俗之漸染既深則訓誥猶具文也讀東方而知禮失于朝讀侯著而知禮亡于野則掃除而更張之齊當奉魯以為法矣

試志至于魯者是真能發精創

書不載牧民山高而後易象春秋之義顯詩不登並驅從壯而後鸞旂片藻之澤流縱溯雅化于睢麟在齊未必無後望而要尋矣

漸而圖未可以驟而致也蓋齊一變至于魯矣歟國君之道長魯
豈無會盟征伐之煩而詩書之流澤孔長則遺風猶未艾也釋質
禮尚守乎宗盟謝強藩猶申乎王命則因勢而利導之魯且望道
（說王于道能見其大）
以為歸矣井田之法未壞第革乎履畝稅畝之風學校之化尚存
第無忘在泮在公之意綏接徽音于鎬洛在魯急需乎治人而
可以竟其程正無俟紆其徑也蓋魯一變至于道矣夫齊以山海
（遺勢如此甚）
之利握雄謀其民既知末而不知本而又鷹揚之烈載于前九合
之功傳于後則子孫競效法乎祖宗故陰符之智既傳為兵法而
服度之訓不顧為嘉猷豈非以霸凌之難靖哉雖救其偏而矯其

歟可與觀近效未可與展大猷魯以身親之謨垂統緒其民能弱
而不能強而又方策留未亡之澤官禮垂乎定之文則季世尚德
端乎文教故會夾谷頹險慄乎強鄰而徵百牢亦有詞于大國豈
非以秉禮之有素哉誠振其怠而起其衰可與宏遠謨即可與裘
至治乃齊則忘已霸之疾（去有資）魯則含可乘之資徒使人歎習俗之敝
靡而概盛治之不再也豈不惜哉

總以至道為歸是聖人望天下大主腦起訖處提點分明中間
確指齊魯形勢所以至魯至道依昂原原委委精鑿透闢鴻才
卓識炳耀藝林　趙錫蕃

子曰齊一變至於魯魯一變至於道　　　戴　檀墨

聖人論二國至道之難易示尊王之意焉蓋道者所由以適於治之路也魯知尊王則與道近矣彼襲伯國之餘如齊者豈可並論（正大之論識超遠矚）哉今夫立國莫大乎法古而法古莫大乎尊王依古以來未有我視王章而可以稱治者我夫子生當周季目擊夫裂冠毀冕拔本窮源者之未可一二數而抗懷周道環顧齊魯竊不禁為之因分以求合焉謂夫今之時有齊（縱領）適成為齊而非太公之舊有魯自安為魯而非周公之舊者有道空名為道而非文武之[illegible]奚齊也者王者之所賜復也自桓公創霸以來軌里連鄉之制[illegible]

出甲之法贖矣魚鹽蜃蛤之利興而三農生穀之法雜〻然所謂
救邢救衛伐戎伐楚無非以急功利者下令討之權君一相葵邱
首止諸盟而知齊所養矜皆王者之罪人也況今之并此假之者
絕無繼起乎世事之積也諸侯強則大夫替則而象之其又何誅
為齊其季世矣一變而君不以拜受胙為康文臣不以受下卿為
月禮知魯與周一體焉故曰齊一變至於魯齊也者王者之所啟
宇也即僖公作頌之時僖公車公徒之盛而曰周公是膺則猶知
法祖也誇獻囚獻馘之〻馘而曰魯侯是若則猶知愛君也其所謂
居常與許為周室輔亦祇以善頌禱者貽藩服之光君子讀泮水

子曰齊一變至於魯魯一變至於道（上論）　戴檀

閟宮清廟而知魯所以治襲王澤之深長也翔背之祓而十二之文者（又深一節）
周禮盡在乎懿親之近也王迹熄而春秋作周之子孫曰失其序
焉周公其衰矣一變而守於業者不僅典物之備行於禮者庶幾
分陝之勳將僭與道一般焉故曰魯一變至於道夫道也者自文
武造周以奠列服而垂典禮者也封太公於營邱曰以尊賢之
績封周公於曲阜曰以酬輔相之勳凡所為封建兄弟甥舅以藩（推尊周公以見周公）
屏周者無非以保世滋大為擁戴共主之謨君子讀周官立政
諸篇而知道所繫亦皆王靈之赫濯也齊魯亦知天不以道亦不
變乎王政之壞也大國今而小國共尤而效之罪又甚焉周之德

興周之所以王也一變而齊無忘帶礪之初魯毋失棣華之誓如
且與望同列亂臣焉以是知道之大也道之所至魯亦一齊魯之
所至齊亦至焉故曰齊一變至於魯魯一變至於道
至魯至道此題內精意也齊之所以不如魯此題外遠神也分
看合看題義始為周匝格奇而法氣古而橫周新之
三峯屹立確切不刊蘊釀經籍之光直以方駕熊劉

題鏡

齊魯平滿不必抑揚重魯首字當提道即文武之道而周公太公奉以治齊治魯者也須說不必變說到變方見原委

齊一變至　一節

廣東吳宗師利試
韶州府學一名　譚家德

齊魯之變不同、聖人望之者深矣、夫治莫不以至道為期、而齊變僅至魯、魯變遂至道、非以其政俗之殊哉、且政治不能無盛衰、返乎道則無弊、（挽上）而其輕重緩急之數、則又存乎一一〻〻大勢既[illegible]、挽流失於雜霸之後、難為功、而救衰敝於靡墮之日、易為力、各審其勢以求返、而更化善治、是在人之有以善其轉〻〻、何則、先王以德（領道字）教、得天下風俗醇美、禮樂和平、而列國之歧乎遞之世、〻特雄宗、（落脉上大半之筆）啓宗纘緒、尊親而游父叔康、亦得以分土錫玉、朝之福、一移世晦氣、數務摶務、大國流乎霸、中世失之微、而王化之隆、漸泯焉[illegible]術

識海雄封遠弛法宗即懿親也胥亦幾以國術矣敝國之譏莫爭

齊魯至今日而先王之道幾难問矣可不思所變而求至乎純其

中难易之故正自有辨張四維以立國齊豈亡禮義廉恥之防飭

功利之漸染既深則詡詡徵其大也讀東方所□俗失於夸郭讀侯

著而知禮亡於野則歸餘而更張之齊當秦魯以漸法矣書不載

收民心高而後易象春秋之義顯詩不登並驅從狩所變□烏放只

鑿；挾出至於納處既發精創

變齊亦須以道勢歸但必由是始可充□

藻之澤流縱横雅化於雎麟在齊未必無後望而要未可廉而致

也齊一變至於魯矣歎國君之道長魯豈無會盟征伐之煩而信

教之賜澤孔長則遺風猶未艾也擇賓禮尚守乎宗盟謝强藩今

申子土命則因勢而利導之魯且望其為伯矣井田之法未壞

口請指乎數語推見魯之要

第當華履以稅畝之風學校之化尚存第無志在泮在公之意繼

接徽音於鎬洛在魯急需乎治人而正無俟紆其徑也魯一變至

此意只作推原剖拔極谷

於道矣土田同百里之封而報政各殊識者已微窺其優劣當

道字略息說來親切乃

日勤勞周室垂統悉本乎尊王則盟府章程何莫非後嗣尋求之

藉乃霸政僅安小補而衰朝莫與維新是孫子而失祖宗之緒也

其咎果奚屬哉制作極兩朝之盛而太公不與二国已微消夫依

昂然嗣君有志恢宏遲速皆難於自拔況儒生守禮已口備朝端

題外唱歎朱絃清汜

顧問之資乃敝俗仍狃夫故常而草野反權其得失是章有而代

考卷同風二集　論語　廿一

君相之憂也空言復奚補哉然吾終不能不望於齊魯之繼述

扼道宇為定盤針而於二国去道之差等至道之難指陳鑿

鑿闡深肅括包一切掃一切後幅寫出指點慨歎神情溢光燄

然其味悠然　馮舍輝

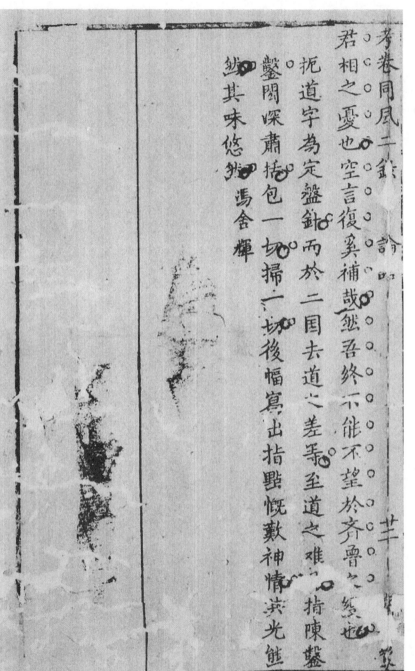

齊一變至　二句　江南張　師科考　頤　問

俗、守、照、註　興化一等一名

變必以道為歸、而難與易則視乎其俗也、夫道者國之經也、[illegible]則善

反乎道而魯亦已衰矣、齊與魯尚其善變哉、若曰昔先王以道治天

下而列辟罔不以道治其國此周千百世不可變者也自列國之風

尚各已變乎其初則必變其所變而變歸于不可變天下未有善變

而尚慮其難變者也亦未有易變而竟可安于不變者也或矯而更

之或振而奮之此必在有其權者之因俗為移易而漸次之間即寓

總○渟○具○

在亦竊可揣度焉嘗溯夫齊之疆宇受自呂伋魯之茅土錫由伯

君子觀二國之初政未嘗不慨然曰猗歟盛哉彼太公周公所

若後人者抑何一衰于道而咸正無缺乎乃無何而二國之（自齊頃以下）變乎變矣今之齊非第失之于淩替失之于微弱也方且擧霸術之（指魯）王之風悉視爲迂濶悉棄若弁髦而一出于陰謀詭詐之途于是（是風俗不好）齊之俗竟屢變而流爲霸今之魯幸不相中以權術相競于功利無（積弊）亦獲擧禮樂文明之治日淪于廢敗日聽其殘缺而不思出于勵精振作之爲于是乎魯之俗亦一變而即于衰憊先王之道固百世不變者也而齊之屢變已如彼魯之一變亦如此然則由今之政擧今之俗顧反隱忍遷就苟且因仍而不亟爲之變乎然則齊與自所以（桓霸）變而之道者其孰遠孰近孰難孰易尚不可得而知矣且凡齊之所以

入解便自不同膚廓

齊二

顧三

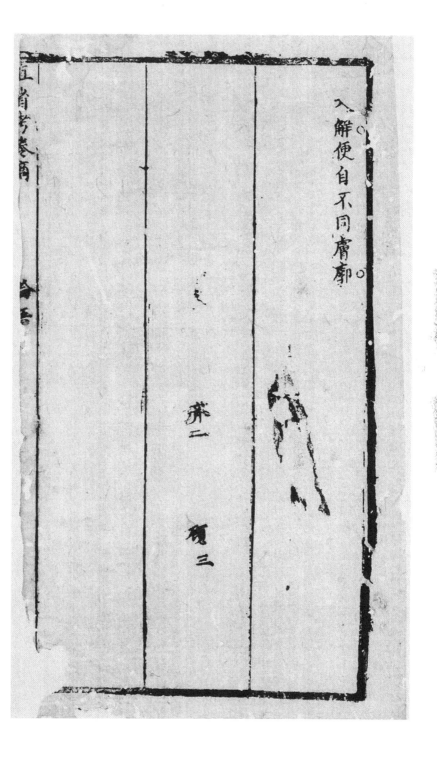

默而識之　不倦　　孔門棟　五名

已與人有宜致之功、兼盡之者可思已、蓋誰則無識、誰則無學與誨也、惟默識而默倦不形焉、聖人所爲重念之歟、且夫入道之難也、存諸心者未可名言矣、乃功深于內而外之益廣、其見開、功壽乎已而舉世咸蒙其教澤、此古聖賢所爲守之純而行之篤者、其類如斯也、何者、名理自在古今、原非易窮之研索、大道終歸吾覺、容有隱深之教、思耽欲窮理于耳目之表、而神明之地反蹊畧、而莫通、欲明道于大同之世、而靜存之際多謬迷、而罔覺、此詎非判道之大蔽也耶、而吾固是深思之學、考得力之哉、止爭此一念之微、天地名物其端至隱顯、而求之不若其靜而思之也、故往往有千百言未盡之理因

亦大經矣

從中游關入默識

但說游詞外

而言不默識本泉然時文大病

鄉墨文徵　一　書　康熙戊午陝西　雲□山房

○彩○然○栽○盡○思○捷○千○載

一待之擴悟而洞乎。如有得焉。蓋相喻者深矣。吾人進修之業。不外此靜存之功。禮樂文章。其理至微。紛而遂之。不如其神而明之也。故性亠有數聖人不言之旨。得生平之沉思而消乎。若有遇焉。蓋相會者遠矣。此默識之不可已也。而吾乃因識而更念夫學矣。學非徒守沉實以集務也。吾心此理。古今亦此理。所貴廣見聞之途。而資其博

學兼數知力行不當單抽

關見言

洽肰非學之難。難深其學之難也。惟一念之邑勤惓之以畢世之圖維。則初終罔間。覺吾人一生。何者非為學之日也。此其志為甚容已。

此步切案体勢○語

由學而更思夫誨人矣。誨非徒執一藝以為訓也。一人此理。天下亦此理。所貴孰訓迪之真。而大其栽成。然非誨之難。克勤其誨之難也。惟本一誠之念慮。以敦其百年之教思。則終始如一。覺天下學人。何

在非可誨之人也此其心爲甚公已夫理生于心固貴致其靜悟之功而學以是成誨以是著則功不病于寂守抑通藏于內務先去其隱明之見而由此好學由此立教則道益見其弘通默而識之學而不厭誨人不倦吾思之吾亦安得有之哉

默識本原甚大如中庸之戒謹恐懼大學之顧諟天命皆此意也求于所謂存之端莊靜一之中以爲窮理之本者正與此句相發明時文于名象數詩書禮樂上尋個默識只是俗儒記誦之功不見聖學本原于之不滿諸作者在此　仇滄柱

默而識之　三句

李嗣岱

聖修之可貴也、而歷舉其德之純焉、甚矣純詣之難也、默識如是、學不厭、教不倦如是、何其德之臻于純乎、若曰吾嘗想一純修者於此而若有慕也、顧事不過為下學之事、而心則已為獨至之心、以我自學不覺其神之契而趣之永也、與人同學不覺其心之公而善之同也、是則所謂純修者而已、有如聰明固以入道、而此之識不以聰明也、恃其涉獵之富而曰吾能識也、及深而體之以語夫成性之存、、而後知其識之浮矣、夫欲大其心以致博、必先沉其心以研精、無論無言無爭之地、恭嘿自持、即辨論偶形、而神明藏密、無往不見其嘿

精細

五學字意

成舉人所心為形役形為物役者而彼獨惟淵惟寂以反觀于性始而又非實心以飭于寂滅也天下有識焉若斯也則識之不誠責乎銳進亦可圖功而此之學不以銳進也挾其浩氣以往而曰吾能學也及進而求之以語夫日新之不已而後知其學之厭矣夫既深其心以受理尤必求其心以加功無論朝乾夕惕之際怠氣不形即天機稍暇而遂志優游而亦不疑其作輟舉人所力與願違願與境違者而彼獨時憤時樂以相深于不窮而又非勉强以尚于矜持也天下有學焉若斯也則學之不誠責乎激迫亦可觀成而此之誨不以激迫也執其初念之慇而曰吾能誨也及引而深之以語夫物我之

曲折盡致　字意　互識

無間而後知其誨之倦矣夫既以有恒者勵己尤當以無斁者作人（五學字意）無論鼓舞獎勸之中敎思靡懈即昏庸頹惰而置之不屑而益以見其曲成舉人之棄材不眷及眷之不成者而彼獨從容化導隨高下（字字精切）以受裁而又非市恩以明吾德愛也於下有誨焉若斯也則誨之不誠貴乎而以觀之我果何如也

理致題不以陳言宿義錮其靈府而一種流逸之致深入之思幾與先輩包長明頡頏 吳應標

默而識之　三句　　何齊聖

心有獨得故功無怠於人已矣夫無所得於心則學與誨無味也其（篤○永○）能久乎從默識而有得焉雖強使之厭倦將必不能矣今夫人求道（為○要○）而從事乎口耳之功則外若有所甚悉者而中已茫乎其莫解也迨（又○默○識）轉而施之物我之際而其意已索然矣而其情已頹然矣是非故略（御○久○學○誨）乎外也彼其中原無所為獨得者也何言之禮樂文章之傳雖有師（又○繳○轉○首○句）說要必以我之神明游泳其中將生平博稽之不悟者一旦靜會得（帶○下○學○誨○一○筆）之心識其本末而不假於名言則旨趣無窮矣性命精微之蘊不可（已○虛○含○不○厭○倦○意）言傳尤必以我之睿思體驗其際將夙昔授受之已窮者一旦冥悟

何白屺稿　上論　三七

通之心識其體用而不待於講論則領會無方矣此默而識之學之

獨得者也夫心挹其旨歷則愈引而愈長信之既真者而守之必固

郭下聽洛一片

心得其領會則相解而相樂推之不盡者而穫之不能由是以所識

而為之于己則學尚矣詩書無盡之藏以已默運於心而乃以其默

不脫

有分　講學誦精切有味

還者體而見之服習則考古酌今在在有資深逢原之妙其理之相

薄而日出者方且沉酣於中而愈津津也由是以所識而公之於人

則誨重矣彝常不易之則以已默契於心而乃以其默契者出而傳

之於來學則憤啟悱發在在皆有欲立欲達之識其事之相長而益

懋者恒有鼓舞其間而愈壹壹也於此而欲強其學之或止為而亦

不能也蓋理從心復而心與理融其默以統其全者必學以盡其蘊
從容乘時旨自行性情之語
一日不見逸終身不見勞惟其不厭也推之而天道行健之功至誠
無息之旨悉此不厭之心持之矣於此而欲使其誨之或怠焉而亦
純是聖人本詩
不得也蓋教習於故而機進於新其默以厚其藏者必誨以悉其量
淺而淺之深而深之推其不倦也推之而天地生成之意帝王樂育
之懷悉此不倦之心基之矣信乎學貴有獨得也其如我未有何哉

張葯齋夫子評

抱首句以貫下二句講下二句仍含蘊首句意義融洽深入題出
真乃伐毛洗髓之候

何自池稿　上諭　二十八

默而識之　三句

○○○默而識之　三句　沈日昆

全乎其為默者使人已相遇於其中也蓋無淂于默者無閑其學與誨也有得於默者又不可不詳其學與誨也以默自治而能以及之始全乎其默耳且居于東魯備美獨占有懷心之事而士林賴鼓舞之功者此必其有甚深之業也與人共破其鋑華而獨能有見于精理則居己于至酣而予人以可樂其神明有不可淵焉者耳緜今詣之物不可以去飾見美而貴能自造其深微此儒者所以有自治之道人不可以粹情相遇而欲其共遊于澹漠此先王所以有立教之權則莫非默也而或以為人不可以無識於是挾矜尚之志者欲與六大道則懷之有勞譯之馨出之有筆鋒之美而多端者相同一

之欵阻之念乃生矣質美異之資者求進謀夫古人則適已以榮華
之邑被世以黼黻之觀而外輔者依類而集簡畧之氣又乘矣凡此
皆以其繇滑于默也而知其嘿而識之也置一身于古今之內不見
其同見其獨則不覺其不能自足矣列萬物于一人之前不遇其器
遇其道則不慮其無以自廣矣然而有虞處高簡之流倡玄虛以為
恬瀾雅之士宗澹寂以為名聽思一室之中匿形名物之外則勤施
大雅或有頽然自放之志而表示人倫或有𩔖然不屑之思則皆自
托于默而人已均累矣而默者必無此也此必其勤學者矣豈有不
充于厭聰明之屬能襍取天下之物以自愫而惟不輕用之也則寧
靜而寄永無渝變之情而日涉益親遂有桑嘉之樂耳此必其善教

者矣豈有不免乎儒才智之力能胥羅可見之矣以然也而惟才[illegible]
嘗之也則進而日深既明理道之量而求而不竭蓋屬精神之用耳
然後知默者亦有廣稽博採之功而然而識者亦非退藏獨守之士
也以為玄寂而鑠躬精深以為拘謹而立教廣通一人既足以自用
而天下咸享其緒餘觀其性情而處心恬適觀其意氣而托術鼓奮
內外皆可以有功而自適無滯乎平蕩則其人豈復可及乎
子瞻天縱之才即易義淵微而註釋處全無訓詁之習所繇與紫
陽異道也

默而　沈

默而識之　一節

館課一等七名　林枝芳良

自課所有而深望道未見之心爲夫默識也學不厭誨不倦也人我未能有此而豈所論於夫子哉乃計之而皇然也是望道未見之心也且人之爲學靡不期其有得於已者也正惟期其有得於已故心身人已之間所以自課者微而所以自信者愈難名理非實得〻心而然道詳不息之机與物少栽成之〻可以爲有得乎課之於微而愜心者覺正少身手今者親歷夫道理邃深之地而循勉於成已成之途不知人之視我何如也我則嘗撫已而思之矣業勵志以有爲自待固不得薄非謀理以爲進修之自即

領題大方

懋脩而有及物之時矣則我之所有事者固可即修途而屈指以計既奉身以進德此詣又欲其深深必沉潛以為精進之基更不已以永樂育之術也則我之所有洽介人將集功修而深核於微令試即對也之純功以課我生之得力則見夫理與上驗而研辨不煩兵以耳心與理契而無結無閒於神明識也而出於默成有如此者則見夫內照功深而盡性直同乎無息外脩匯辯而踐形當永以真神學也而不至於厭有如此者則又見夫以存心者為啓廸而人事直如己事之親以治身者為輔翼而在人不啻在己之切論也而無所於倦又有如此者此其功程可想向日非我生所

當致力之時而接候深思實無一為我生所能自伯之處謂我未也從事於識與學誨之間而姑以一無所得者示退托於人謂我則何故為此自歉之想夫我固無日不與理謀不與學遑不與人接矣而謂我能但已乎頗無如頗之日迫而殷淆功則時形其歉也非不切於存理而未能乎契之真非不殷於進取而歉於營非而未能其他之垂蓋然慮未盡底於精識即幾微間不能以無憾以來易副之程途而何得自誣其本利不歷於之而人覺歟然已耳謂我不欲求達於默識不厭不倦之地而徒以來之有得者聊推諉於前途我又何敢作此自阻之情夫我固有深見夫淺者不如

無識歟者不如無與倖皆不如無詔矣而謂我能無意乎頗無如功之日起而赴者甚則恆覺其過也情亦知已得之深而成性之存存莫慰情亦知自强之學大注々々而々天々々壁々難憑蓋毫[illegible]非卯隱微內不可以自安以來易々之顧力而何容有憾於懷來有艱難焉而不禁皇然已耳是則指力難憑而返（念上人之○視我）躬不昧旁觀之推許終不及自信之真媿脩莫據而天念常殷一念之旁皇正人策無窮之望我亦畢吾力以求至焉可耳如謂是已有於我焉則非我之所敢居也

意度寬博議論周浹此雅俗共賞之作　原評

[子曰]默而識之 一節　林枝芳

中獨闢蠶叢允稱傑搆　泉評

默而識　林

館課一等六名 林春雷 執七

默而識之　於我哉

純學誨於一默之中、聖人有之而忘其有焉、蓋識而非默、則以學也必厭、以誨也必倦、心得之諳、非夫子其孰能之、而夫子又何嘗自見其有哉、且人生而靜之初。亦何所不有哉。迨由靜而之動焉。則道德有紛華之乘、人已生畛域之見、而所謂人生而靜之本性（眸有星宿是古人心眼所到）渺焉不可復問矣、吾盍嘗躬歷其逸覺嘗之、若甚易而體之則有甚难、益悔乎平之後後、於浮慕皆何為也、我思之、有我而我固有識之之心矣。因而有予之之力、因而有誨之之責、本沉潛而推之身、皆我所不容貸也、有哉而壹志凝神而識、庶為我有矣、因而遂士特敏而學為我有因而誘掖獎勸而誨為我有今教學而運以深心又吾所嘗邀企也歟試思夫所為默而識之學而不厭誨人不倦者豈徒逞旦夕之議論以鬬聰明者道路而得之即道路而失之也默則法天焉禮樂詩書靜察之即元亨利貞之秘焉鳥獸草木深考之皆盈虛消長之機跡其外若無所矜而中之蘊涵者（條理聯貫醞釀精深）多矣夫吾之所默會者味自永也學則與天同其不息而已何厭焉抑吾之所默成者化自廣也誨則與天同其無私而已何倦焉人同慮作輟之異致孜孜焉求之人事而弗違者矣默識者乃以法天而有之若是彼徒資師友之講習以為涉獵者口耳而入出

[子曰] 默而識之 於我哉 林春雷

即口耳而出之也默則見性焉肅謀哲又徵覌之即喜怒哀樂之
原射御書數稽求之皆仁義禮智之端跡其貌有所不試而內之（修○潛○經○營○而○不○留○其○迹○極○措○壞○合○與○之○勝○）
玩索者深矣吾之所默悟者致自長也學則以性之當盡者自
盡而已歟何生焉挾吾之所默運者教自神也誨則以性之先覺
者覺人而已倦何萌焉人固憂勤怠之中分紛紛焉竭其才而乃
詘者矣默識者乃以見性而有之若是我亦嘗索之於無聲無臭（簡○留○緊○湊○）
之表以自考其用功不敢謂無所識也不敢謂無所識而并無所
學無所誨也天地之精華久一以之淡泊寧靜收之而不足百年（意○味○淡○恰○）
之久消以一旦之輕揚淺露敗之而有餘默聰掩明後世之修為

止去可知而遽謂人力胥忘合物我而同遊於無言之天也我則
何有我亦嘗習之於良知良能之途以自驗其得力非不欲有所
識而識之也於然也非不欲本默識以為學而自不厭且以為誨
而自不倦也性命之淵源授之以吾才吾力則為累不淺吾身之
然雖聖人每況愈下語然至
耳目致之於不覩不聞則所得良多忘言忘象大道之精微久之動
之人熟有未易兩者必須如此深入知地方合
跂慕而遽謂情識皆[illegible]繞彼此而各得其靜存之性也我又何有
我不禁穆然於言論之難而學誨之由於默然者為不易也雖然
此豈真夫子之無所有哉
易乎還為側注全力摶捖按之寔理虛神不走絲毫能於里[illegible]

默而識之　不倦　屈穎藻　八名

合己與物而交盡其功者聖人深思其詣焉夫識本于默其功已深矣合之不厭不倦而其詣始全宜聖人之深思與且夫學之理不可以不盡也而尤非可以易盡故求于外不若求于内者之深也致虛不若體于實者之獲也而私于一己尤不若公于一世者之大也則嘗因其詣而靜驗焉名理雖散著之端約之皆吾神明之用是非有待于識不可而何以盡己則有學何以及物則有誨斯三者豈非學者所當盡而不可有一之弗盡者乎雖然天下不無存心之士而出之上智以質其會心獨超語言之表則識同而所以識不同矣天下不無力學之儒而得之醇備之修其精進獨深無息之中則同而

二事並提亦高常徑

所以學天下不無啓迪之哲而出之至公之量其誘掖更深無已之懷則誨同而所以誨不同因有憶于黙而識之者至理本自一原而會悟未深雖口耳是資不無或存或失之慮黙識者蓋已化矜學之氣而歸靜深之原矣故同一識也始焉有意存之而心歸于理既且無意存之而理會于心其神明抑何淵涵歟方且愈進愈深漸底于窮神知化之域而論説又何煩矣更有憶于學而不厭者大道不分精粗而體衛未醇縱知行交勵不無或作或輟之懼不厭者業已悟神化之非粗而象數之無非精矣始焉博徵天下之理使與吾心相親繼且靜考吾心之理而與天下相見其中懷抑何亹勉歟方且物格知致漸歸于萬理一原之休而厭斁何自乘矣又有憶于誨

當兼知行不宜專指知一邊說

鄉墨文徵　上論　默而識　屈穎藻

人不倦者物我本同一體而私意未祛繼講無異斷不無有初鮮終之失不倦者業已會在我之非內而在物者之非外矣故用一講也始焉我以獨與之理與天下相昭示寧且以天下共具之理與天下相化哉樂育鄉何醇至於方且萬類曲成備歸于大道蕩公之內而倦念何自入矣於是者內焉有研幾之力而外不遺于修紀聰明盡而有其篤實進琢至而可以廣通置一身于古今之大皆有可見不可量之致矣抑近者比下學之事而遠不閒于高深養性體而幾可日用奮志氣而道可不私集衆理于一身之內皆有見道不見器之量矣其如我之未有何哉

前路叠翻亦落時徑中三比各有精深語狀却須去其消句更覔

默而識之 二句

江蘇劉宗師歲覆 邵 玘
青浦縣學三名

體諸己者有全功、心純于識與學矣、夫識與學、功之體諸已者也、
默焉不厭焉、其心純、其功全矣、嘗思心與理本相附者也、理難淺
（小言天拔）
於心、靜而專則日歙、心易間於理、動而聞則日新、蓋去口耳之浮
自閉、致以轉心掉彌縫續之際、乃不至以躁心嘗試、懸其詣而一
（潮月外心易定幾辭）
思之衆古而謀、講習繼而即逝者、亦銳而易退、攻苦廬中、存與察
貴互用也、挾況思以孤往、研索無涯、竭才力以相稽、廢倚罔覺、所
（精点）
恃徑寸之靈明、有以萃其精微、而味道與造道之功不替、其神以
俛屬艳質、而躁急盧戒其外馳、又虞其中餒、鼓歌室內、心與力貴

交密也作處以通微必深造者有得終始以典學惟日進者無疆貲積一己之潛修不第求諸迹象而不貳與不已之念克止其所而乃尊則有如默而識之學而不厭乎一段名理而寫心歌懷嘯志（分發仍用反筆方是此句作法）自能絲闢其明聽然矜言綜誦歎一卷之書而呻其佔畢不能隱會其源流恐意旨之根心或淺惟默識焉而精明之體藉沉潛以（真際入微）立之則理入毫芒而浮情卷跡會心之妙因渾樸以感之則義凝淵穆而真宰常存想其時退藏于密一尋省乎此中之曲折而資深造原真覺味無盡而義愈出也蓋千古未抽之秘蘊實府其奧于虛靈之地以待篤實者之潛思也已當靜觀而自得收視反聽

自有無方之妙悟。然懷心元裝據一朝之解而屏棄萬有徒欲隱
參其消息恐寂守之意趣易窮雖不廢焉而詩書有持賸角以
潤○槧○金○島○見○淺○無○
步○土○痕○
兩以借來則欣于所遇不知幾閱春秋性命有委輸不與韶光以
並術則接而時出何嘗截離寒暑想其精性功緬篤一閱歷乎此
中之層累而神悟意永真若心藏之而何日忘也蓋古今理數之
菁英實孕其奇于墳典之中以供有志者之抉詩也已且夫識與
學有相反之功而有相成之用蓋識之情主乎止學之事主乎行
或氣專容寂而日啟其機緘或神徙與來而不忘于悟覺此其功
初非相輔而成也故泰默所以思積而好學可以忘疲然識固不

言而存諸心學亦不言而得諸心非志壹而氣凝則口吟手披亦徒泥其章句非夕稽而朝考則目遊心想亦卒墮于虛無此其用實屬相連而及也故博聞貴有强識之功而心解不廢積學之力合觀之誨人不倦豈非融說樂通己物者乎我是以極不忘于斯詣也

鍛鍊精純思深力大　原評

思沉入而筆勁達結響穩字音韻天成　吳在揚

意新而刻語雋而超題塵十斛為之一掃　烏自栢

默而識　節

默而識之 三句　袁德峻

聖人深望道之懷、而歷思夫純詣焉、夫聖人與道爲一、尚何默識之有
不厭不倦之可言、而自予之、若甚有慕乎其人也、曰吾嘗隱思一
得神○　起句便
純至之詣、而不禁神往也、秖此一詣之淵深、而以理則得于心以道
○入○不○以○聆○下○之○頓○乙○安○頓無是處妙小心
○開○講○提○明○以○下○即○爲○
則成于己以教則廣於人識有歷歷縈懷而不能去者今夫前言往
○根○據○的○確○
行畜德之資也則識其一矣而世之識焉者口不絕吟未掩卷而蕊
然目不給覽一脫口而焉有難識猶非識也無他未能默也乃若絕
○靜○時○入○微○非○等○泛○泛○語○
見聞攻取之緣至虛以觀萬理之通而渺然者何所不徹養心思翕
聚之力至靜以求一原之合而淵然者何所不涵是何如之識耶而

利試小題英雅集　上論　求志堂選

非會心獨遠未易言象之胥忘一至此也緝熙光明進德之基也則
捨學于升切不依更端
學又其一矣而世之學焉著入之不深每畏難而中止精有所得又
自足而苟安學不與歲期也而厭倦至甚矣不厭之難亦乃若深知
不厭加於行學之道分不於病
蓋好有日新不已之功即廢食指而不覺繼知允蹈有深造自得之
致雖歲月遊而期忘是行知之學即苟非中有真得未易終始之念
與一至此也傳道解惑覺世之仁也則謂人又其一矣而世之謙人
者情非一端已踊躍而雖親門至更端憮然心于詳説諄不與條則
不憚其二三之從容誨循
也而依常坐甚矣不依之難也乃若斂獨善之懷隨其所叩而智畏
賢否之不遺大成物之量語焉必詳而本末精粗之必竭是何如也

誨也向非同作一視未必教思之無窮一至此學沉潛于義理之中（默識句出人滿）本心得以詠諸持術而及人不為無本神明于觀記之外由躬行以（偶多以妙串此六所作結最高）為欲適而隨在見其淵源之人也之德也何然以至耶吾是以一遐想一神往也

三平選題無比用於法寔焉妙又恰好是懸空說此造請與下文對照高渾玲瓏擬似正嘉名人手筆通篇渦然多以默識串此只用作結意尤高

默而識之 一節

翁叔元

深乎理而無可已之心、聖人體之而知其難也、夫由默識而學誨、且厭倦之胥忘也、惟聖人有之、惟聖人能不有之、此聖心之虛也、今夫吾人有不可不至之詣、惟操之無間之一心、夫既操之一心、則心之所可至、其不為心之所可信者、蓋亦寡矣、然而往往難之、于是知此生所不可至之詣、未有非前此之所謂可至者也、（傳神之句）及之而後知、體之而後難也、自吾思之、夫不有默而識之者乎、耳目之取數積久而通、然耳目所積之數、終非吾心所積之數、惟不假言論之煩而曠然相遺、如將有聞焉、如將有見焉、久之而天地名物之精微皆若悟其所素習而卒非憑虛守寂之所託也夫識之者（不同冥悟）慮其息之不深也惟有以存之則自深而後乃今知默識之難也由是而為學夫不有學而不厭者乎終始之日新不一其候然終始不一之致究非終始相生之致惟不辭下學之勞而油然罔間能悅諸心焉能研諸慮焉久之而歲月攻苦之所積皆相與習為固然不啻日用飲食之為安也（是不厭）夫學焉者慮其心之易遷也惟有以尊之則不遷而後乃今知不厭之難也由是而為誨夫不有誨人不倦者乎教學之相長責在吾儒然以為吾責有未盡之事必以為吾責有已盡之事惟擴其無我之心與為可久或因時而命

[子曰] 默而識之 一節（論語） 翁叔元

焉或因事而施焉从之而性情資力之分途皆相與引為同體不
是不倦
啻憂樂甘苦之與共也夫誨人者慮其勤之不繼也惟有以一之
則可繼而後乃今知不倦之難也而以我自揣何如哉始吾以為
名理無窮苟有其志也則不患其不達三者固吾志之所之也然
說得精細親切是閱歷語
意境之偶弛総不及制則吾志亦有無容自主之時故人當立志
之初此理之悠然未屬者即一念而有以相通迨易一念焉而前
此之所得不可問矣吾敢怠吾志乎哉而無一之足恃則如此也
始吾以為至詣無盡苟有其力焉則不患其無成三者又吾力之
所經也然此心之偶競息氣乘之則吾力亦有絀然中止之勢故

人當致力之始在我之勉焉思奮者即一時而可以相兼並易一時焉而前此之所守則又非矣吾敢愛吾力乎哉而無一之可信則如此也何有于我哉要之是三者學問之實功也其始必有闇然之藏其終必有持久之力不可為也而可為也抑是三者成德之實詣也心與理一故不遺道與時行故不息可至也而究未可至也吾亦與為終身焉而已矣

清辨滔滔逐句還他寔義無一贍辭語才大而心細於此可見

默而識　翁

默而識之 一節

館課一等十名 翁聚星 映奎

聖人自考其身之所歷者、猶不自信其有為、夫學識誨人、皆子之所歷焉者也、而默與不厭不倦、猶自視為無有、為此所以為聖人乎、若曰、吾意中有皇皇焉欲盡之數事、追實[illegible]肯吉淺深之途、覺可以愜吾意者常少、而所以策吾力者正多也、於學問之中、涉嘗從事于專物、在乎識、進修在于學、持此識學而追、欲與二三子共勵于無已也、則學識與誨人有焉、旁觀者輙以為默而不厭不倦者也、噫、亦未知我矣、即如我之汲汲于多見多聞也、何嘗不從事于識哉、然而多識非難、而識為難、蓋識在物、而默則物淡于其

心也心體之虛靈一雜于私則一物之蔽有與理相扞格者矣有

詮題精確

能養其寧靜之性即始可以見終會夫本原之地渾一可以貫萬則無事誦習自不遺忘是謂默而識之我之孜孜于好古敏求也何嘗不久免于學哉然而學之誠難不厭尤難蓋學以力而不厭則不自覺其用力也志氣之專精一間于欲則天機或息有與時為變遷者矣有能將鼓舞之真機隨天行以不息於從容之中道愈日進于無疆將勤苦不知而精神日出是謂學而不厭我之啟于啓憤發悱也何嘗不悉心以誨人哉然而誨人已難不倦尤難蓋誨在人而不倦則並忘乎其為人也人已之感通稍隔以私

則戴成之歉有于已留餘憾者矣有能擴大公之志性命無閒于
形骸闡至聖之傳道脉可維乎今古則誘導多方而曲成不遺遂
謂誨人不倦此非學人所當有而我之無可諉者哉雖然何敢輕
言有也此其有者必有天德為學識智也誨人仁也不厭倦勇也
我于智仁勇三者猶未能一而學識誨人果何有乎則雖真見博
聞而耳目之事非神明之事也身躰力行勉強之功非自然之功
也即與士大夫往来酬荅保無疑其容保之狹者乎祗此當躬閱
歷而無在可以見寬竟無一堪以自信此其有者必有功候為默
識聞義之事也好學脩德之事也誨人講學之事也我于脩德講

學聞義數者尚以為憂而默此不厭倦又何有乎惟是多學而識窮以耳目者蘄通諸神明也發憤而忘勤以勉强者庶漸近自然也即承二三子執經請業敢自憚其終日之或疲乎所以日加敏皇而未知何所可以自信又安有一息敢以自安夫功力之所可勉則即默識不厭倦而有之尚非其至者爾況此之不消而敢矜言其至哉我惟是日勉于識焉學焉誨焉而已矣

意致渾浹實能沉潛用功者也此固為難得矣　原評

默而識之　三句　　唐冠賢

自得而不息其功。雖其心之無間而已。夫未能自得者、心有間矣
理也、功之或息、者心有間於學與誨也、默識而不厭且倦焉、其心
之無間何如哉。且天下之理。未有不期於能存者。而又非可邇而
獲之。私而秘之者也。要必本於純然無間之心。以貫乎內外人己
之際。夫而後理無間斷而存之者養焉。功無斷續而聚之者永焉。
遺適物我而譬之。合於爲一。氣實其心而應ゝ。盡之理之具於物
者。反諸心而嘗有獲焉。定當超悟邈思之。而不能處悉則識要
發然諸詩書禮器之實。讀書而參歸無遺。鑑錄以爲著發之

其雖師友而氣為備觀即規而默之而物而予化有不可以終日
者矣若夫心深以造理得一善而書如其固吾心解神會稍諸焉（八○未）
而譬俱寂也理是以養心入之冢而存與為從後急慮縱神乎藏（十二○分）
焉而觀若是也堅而識之而與心之存存者琢覺之時之為勞而
强記之無虧則已得者堅進而未得者可以從事矣理之脩養（氣字一白）
若原諸體而本無虧也造知於物化漸離焉而不能復合則學要
識然或有所獲於已得之有忽而失之無心或有所致於人授者（反不厭映帶上○下句）
方發而受者已怠雖强而振之而精所不爲有去之恐不逐者矣（本○書○十○右○五○共十六○言○洗○刷）
若乃循乎必歷之程而遂志以求之將日就月將恐樂難而必遠

不希聖人之學如是知者

不以欲速而懈其修也懸一志以之所嚮銳意以希之則於古然

長覬遠人而後安不以常塗而絜其業也學而不厭而其心之一

德貴守

畫者祇覺敬修之可願而惡肩之無從則在己者全矣而及人者

一筆

可以相推矣理之具於衆者證之我而亦無疑也旋習移漸染矣

反不嫌硬帶上二句

其天而無以自全則論要識然或厭以存理爲急焉而即輕相棄

句

蕪以典學偶輟焉而遂絕其心即勉爲誘掖而申之既總有難乎

言之親切而有味

其爲繼者無幾矣剛斷人之無知而悶其明以進其蔽即一無所

見亦必舉精粗本末之全而語之不憚煩也念人己之交共而固

其質以成其材即各有可觀猶必要於大中至正之矩而勉之無

飲香堂制義　論語　默而識

遺力也誨人不倦而心之等等者雖覺教思之無窮而不見斯人之可饜則厭人者靡矣而盡己者非自有餘矣此炤絕然無間之心義貫乎內外人己之際者如此哉自維不禁爽然失矣

最上一籌

古文先

斧以斯之破骨而出其髓他家皆附膚落毛耳職中略參乘無遺不至離而不偏

匪學社

默而識之　一節　叢集　　唐曾述

不以默識自居、并其素所居者而亦謝之已、蓋子嘗自居學與誨矣。而非默識無由也，于不自為默識、敢自為不厭傳誨、且甚哉吾衰之不自量也。幾吾亦嘗願附於好古之林、而竊竊於淑人之衷、以為此事顧未敢多讓，乃今而知其所本者深也。苟無心契焉，能幾此則又何遽以為信于何也、人必有隱然解悟之機，而後可以啓業為取之皆有所逢也。夫竊其如有所逢則徹之識之、入其樊而集之疑義焉。雖歷時愈久而旨趣倍周，以深長其蘊由默識而學，而學又何厭亦必有淵然獨得之所，而後可以昔人為出之具，集其所藏也。夫不過舉其所藏則於彼於此隨所叩而若有餘裕焉雖往復盡致而精神亦復何衰止矣此由默識而誨而誨又何倦我自計生平有是乎無是乎夫我之所謂能靜悟者蓋必有心知其然而無從而窺其所以然之故此殆微渺之為之也而不如是則其學亦淺嘗之學而已何者相有一空階處當其所以然其以業其能一家說去天機既淺則必不能灼然於今與古之際而人以一日而盡覽我且百日而未遑勢將有苦於其多者矣夫非獨苦於其多即一卷之內一篇之中而以其無悟者當之則理不浹理不浹而吾神已去已此我所揣揣乎而勿敢自安者也抑我之所謂有獨得者又必其泊然相愛而并不能自言其所以愛之之端此殆神明之為之也而不如

是則其於人亦易盡之誨而已何者居理不深則必不能了然於心輿口之間而徐而舉其一說徐而再舉其一說我又有不勝其煩者矣夫豈特不勝其煩即一致之理一隅之反而以其無得者辭之則智有限智有限而吾力亦隨困已此我所望望焉而如有所失者也

又轉進一層

嗟乎仁聖之詣尚已我即有是我遂足自多乎乃我實無有是而又何以為心乎設非今驗之且幾幾乎其竟以為易也夫曩之不自量也實甚矣

中間天機既淺數語乃至直用大士先生學不厭智也一句題文不顧人笑耶同學金文孫云爾予曰渠不過先得我心耳 自記

王国臣

看書融貫臨文遂不忍苟且含糊既能真有發明則格自高氣自厚意自警神自王詞自沛然其莫之禦矣夫所爭在本事而已循其末務者豈有幸乎吾於康君嘗擬以癸丑之韓丙辰之翁乙丑之佘戊辰之陶於斯作也海內亦可以共信矣　孫子未先生

默而識

默而識之

季考起等二名 許熙生員

理洽於心不期存而自存矣夫理非以識為難而默而識之之為難也夫子故有思於是詰乎且學者奉一理為周旋茍能服膺勿失則性命之既我者已多矣顧以心存理言象未忘而以理悅心從容有獲蓋其得之也融則其居之也安所以相遇在意言之表題意融洽而相契在淡定之中矣則試思夫學而能識者理在吾心發於境而有覺焉原非有迹之可留也向之所欣俛仰已成陳迹非三復流連而不敢以或息則過而輒忘後雖欲極賞心而無自理在事物當其時雖追取之而附於吾心未固也已之所得心目本無可

據非時加提醒而往來於其中則移時輒往後雖欲加玩索而無由若是乎言焉而識雖凡學者莫不皆然顧獨難乎其默而識之耳默則其神逸矣顧神雖不勞而理仍內涵根心之妙不以誦説而固不以優悠而忘默則其心暇矣顧心無倦勉而理自靜會貫通之後志氣可以胥忘從容可以觀道義類原無盡藏繼令衷懷淡泊要亦未嘗怠廢其心思而論其所得則固確乎不搖矣理與心融心與理洽得意忘言之候久非神智所得參而默而成之覺藏於宥密者不啻如涵於大虛之無所用其力也則其為識已微至理愈推而愈出即令天機係賞要亦自有闚察之端而論其所

（預立地步）

造則已忘乎執守矣理以心為宅心以理為依得言忘象之會自
非離合所能間而神而明之覺蘊於淵衷者不啻如具於穆之
自然而存也則其為識已神是蓋得力於夙昔之極研者深矣神
王○評○片○言○勝○千○語
明既熟自無所用其神明舉他人所勉強艱難而常憂其易逝者
直以恬適處之而不見其或失拳拳服膺又奚事焉是蓋涵養於
平昔之學問也久矣智慮既深自無所須於智慮舉吾人所懸揣
寤寐而每患其難安者直以恬淡鎮之而不見其或遺念茲在茲
又何庸焉故有默以為識者歛才華於鎮靜之中而不以浮躁自
衷其功脩繼觀今古亦屬易見之詣力而有默而能識者萃萬理

於暇豫之境而不以拘苦過用其心思懸想斯請豈可徒責之同人蓋返之於我非我之所有矣我其敢以自安乎

有見到處　郡侯王闇齋先生

平正通達亦復渾厚精詳自應雅俗共賞

○○○默而識之　依原評點　　于學憲歲考德化學一等一名廩　許文相

理存諸心深於識者也蓋理尚乎識而惟存諸心則識也默矣夫予是以懸想其深於識者今夫名理無窮惟心可以入之亦惟心可以綜之是則心也者理之綸也苟心與理不能相攝於其中大抵口說致浮之為累盡亦思天不言而妙氣機之藹人不言而會理義之精也耶何則兩間之秘奧與吾人之聰明相附而存惟有以散於外者斯無以聚於內則入理之無取乎詮也古聖賢尚有抑舌之戒矣古今之富有與吾人之精神相觸而通惟淡泊乎其適斯無以指乎其微則綜理之必備諸心也凡儒士願無第論之

思乎甚矣識之不可以已也而識猶弗識理恐旋得而旋失識之不可以不默也惟默以為識理乃常操而常存是安得不思夫默而識之都為之仰觀於天氣機所運四時行焉不言其所以行也百物生焉不言其所以生也蓋天實有形其兆於未行未生之先者而俯察俱泯迹象莫尋其迹之都渺也彼夫管窺之徒雖欲意想其所以然究不知一元之運其氣機者以一而神也是可通於默識之微矣因而環觀諸人義理所集詩書啓焉不言其所以啓也日用習焉不言其所以習也蓋人實有握其原於時啓時習之內者而識言胥忘有容匿念其蓄之者深也彼夫浮囂之輩雖謂

其可以實獲諸己實不若一心之蓄夫經義者以靜而專也斯為有得於默識之妙焉耳奇耦而畫之為卦洪範而演之為疇此理之運於心者神而明之也而以心存理者惟恐因外淺而喪厥中藏則拳拳服膺總使心為宅理之舍而理有根心之籍此雖與神明者有間然言泯而心萃斯心理交融左右逢原之樂倡邪說以簧鼓書儒逞淫辭以陷溺世道此心之離乎理者放而逸之也而存理於心者惟恐其滿微致擾於外跡則穆穆內斂要使理為範心之具而心為載理之區此固與放逸者懸殊斯言化而心凝將心理相涵動靜皆自得之天吾思此不忘而更有餘慕也夫

默而識之

季考拔等一名　許奕駿　府學

心存於不言也聖人念之而情深焉夫非識無以為心之存而非默識無以見存心之實子所為念之而情深乎今夫事物之理其歸諸一心者皆其從外而得者也然理雖由於外入而功必謐於內斂苟以為外之所得每欲藉口耳以為階即其所以謀夫理者未嘗不有裨於操存之力而以語夫淵默之修則固較然遠矣故夫世之稍〻知道者未有不始其功於識顧其所以為識者第知（王評透頂）挾理以約心未能緣心以起理也第知强心以從理未能隨理以浹心也何則識所以固其知也見為理所當知沾〻焉由言以為

識則天下之理多端安能盡舉所為言以識其知且無論其不能盡以言識就使一一識之煩苦之餘必有廹而思去者故惟默焉者貴也識之默者不必擇理以為居本原既徹觸處洞然無事力索而理之往来於吾心者日有所引月有所伸絕不見一時之或間焉以是為自得之淵衷爾矣識所以守其行也見為理所當行孜孜焉由言以相識則天下之理至賾又安能盡舉所為言以識其行況乎言之所及我得而識之苟所未及言俄頃之間必至置其心於無用者故惟默焉者尚也識之默者不必執理以為安存主既嚴隨在惺然無事力操而理之涵泳於吾心者瞬有以養息

認得真說得出

有以存絕不見一刻之或忘焉以是為成性之功修爾矣方其為

遡源竟委識踞髟巔

識之始亦嘗致功於辭說思慮之勞而及夫默之之候無所苦而道自屬無所廹而神自運則安勉之不同也當其既默之後一若自類於致虛守寂之為然究其識之之用有所循而中甚確有所

昆刀切玉

歛而理自密則虛實之殊致也雖吾人操功原不徒恃內守之詣力而玩會既熟自足深無窮之功能進觀學不厭誨不倦而謂可易有哉

默識前有涵養工夫默識中有自得境地惟此文中邊皆到

郡侯王闇齋先生

自來此題文無如此之躰認精切者凝神定慮振筆直書足奪晉宋之席

默而識　許

默而識之 三句　　張進

備舉成德之事不以自得而廢學誨也夫默識則有以自得之心矣而又學不厭誨不倦焉子故備舉之以為成德之詣有如此若曰萬理渾涵無煩記憶之力一心融徹無分人己之功此聖人事也（高一層說起）若乃體道有潛心不參以浮盡道有純心不中以急修道有公心不間以私是亦求道者之準則也（屹立三柱）夫即萬物皆備之理恐有一物不備之疎於是乎有識識不返之心散而無統識徒誦於口隔而不親有如默成者遜志以培識之本志之篤者定而靜靜而安也（如此講默識乃非禪定）居敬以斂識之念敬之存者處若忘行若迷也立誠以一識之

浙藩臺紫陽書院會課特等一名　論語

張翼庚時文

慮誠之至者勿貳以二勿參以三也識之始有意操持識之終無
靜而無靜非不靜也
心契合雖含活潑流動之機自有心齋坐忘之象而何弗默焉不
根默識說到學
默則心浮此則體道有潛心者乎有得心忘象之樂恐有師心自
是之愚於是默識而必究以學學不循其序躐等而易衷學不造
是
其深半塗而自畫有如不厭者知之以開學之端知之真者有弗
不厭不畀不倦
得必弗措也好之以盡學之勤好之甚者雖欲罷亦不能也樂之
以驗學之得樂之深者吾見其進未見其止也學之始敏以求之
到此方為不厭故夫子
學之終勿忘所事雖極惟精惟一之詣自有兢兢業業之思而又
曰何有于我
根學說到詣
何厭焉厭則心怠此則盡道有純心者乎有成已不息之功恐有

一己獨善之隘於是以其所學而誨人誨人不因其材無功而易息誨人不望其極有與而還留有如不倦者本性以導誨之源性之同者弗盡其性即吾性未全而弗已也因道以立誨之則道之達者弗由其道即吾道未廣而弗輟也敷教以殫誨之責教之及物者弗帥其教即吾之贊化育而參天地者尚有未能而弗敢止也誨之始有教無類誨之終樂育英才雖至相喻無言之頃自示時行物生之蘊而又何倦焉倦則心私此則修道有公心者乎體人心各得之真合天道不已之運盡君子自強之任存萬物一體之懷不以默識而廢學誨同于守寂而致虛亦不以學誨而廢默

不倦直探其源

無

行文與乃真不倦

總收

識同於有末而無本吾人當以是自勉也而何有哉

樸質醇雅經義本色　沈鴻士

注云三者自當三平講不宜以默識為主語類云此雖非聖人極致然豈易能默識非心與理契念念不忘者不能為學有些小間斷時便是厭誨人以他人之事為不切於己便是倦案此三事地位儘高但不是生安之聖耳文講得細密乃夫子實見得何有非但謙己勉人之辭

默而識

默而識之

歲入候官縣學第三名　陳天經

靜以會理之全、心為載理之府矣、夫世競言理之易得也、馳於外而不融於內、則得實未得矣、默識之功、可容已乎、若曰、理道之得失與吾身之精神相為乘除者也精神騖而紛則理之格而難入者若扃其實以相距距而求入艱於入也何若默會之而自無不入之精義入神之道不禁大力者之多取求望小心者之攝入理積而內涵之斯歛奢於約古今菁華之蘊涉之於外則若寄體之於內則常融理博而深藏之斯合散於聚故世有發藏書而莊誦掎卷而茫然者非理之沉實心之浮也則啓其鑰而使理無弗明

者務斂其浮而蓄理於靜奉詩書而呫嗶考理而多遺者非理之
漏心弗克收也則闢其徑而使理無弗備者當察所收而體會於
神默而識之非吾人所貴乎內不撓聰明之原外不眩耳目之用
闢去禪悅一種
淵然而貫通非涉窈冥以守寂不捷於內以杜其理之出不淪於
外以拓其理之入豁焉而領會常覺與府以俱靈殺之而不盈者
獨立君始悟
默識者之積於虛也正惟以虛相積於理遂無不受綜名物之旨
積而實之胸中覺理伏於心而日羸心涵乎理而不溢蘊之而無
不堪持贈人
迹者默識者之會於微也正惟所會甚微其趣祇堪獨得集聖賢
之與會而通之寤寐覺神凝乎形而不馳形攝於神而弗洩世之

學者記醜而博言大而夸詡然自矜其得力隱然流濫於末學亦安知乎默識之功哉然吾猶未逮也

入之深深出之朗朗此種文境當從雨雪空山悟後得來

默而識之　陳

默而識之　一節

館課一等五名　陳廷鑚

于道有難以自信者、聖人之謙也、夫默識與學不厭誨不倦、皆道中事也、而子不敢自信其所有、其殆聖人之謙乎、意謂吾今而知求道之難也。存之未極其深。其量每有所止。持之未要諸久。其意亦淺無餘歉。必以沉潛者而加其不已之功。夫而後人己之間可以兩無憾也。由今思之。此豈可以易言也哉。今夫探索不深則須悟無機。依道者資乎循焉。服習未至。則功候多疎。造道者重乎學焉。中藏未厚則啟發無資。儕道有藉乎誨焉。然則識也學也誨也孰非我所從事哉。故我于此。誠貴乎兼全也。理存諸心功操于己

敬于人責之我固當勉矣而力迫焉追于我又引以無盡也以
深沉之至而理義日新以剛健之極而德業漸粹以裁成之久而
造就不誇求之我尤欲日起而有功何也以我為求識求學必誨
之人又當為能默能不厭能不倦之人夫而後可自信于人曰此
洗剔明亮本原若揭
真為我之識為我之學為我之誨也而竟何有哉我蓋良愧乎亦
之弗察其難而妄以為庶幾也積半生攻苦轉覺下道負疚之猶
用筆樸適澹恣
多則慰我者在何日乎生安既不敢望勉強亦自難成而識猶是
多浮之識學猶是淺嘗之學誨猶是易盡之誨也所為惕然不敢
磨揃翻合無合掌之痛
自安者此耳我蓋甚懼乎後之既知其難而終至于罔獲也殫思

世辛勤。惟是于道求合而摶離。則兼我者曷有極乎。躐等囿知自戒。徇序亦見多艱。而識何時為靜悟之識。學何時為無息之學。詣何時為曲成之誨也。所為皇然有難已者此耳。夫天下有識而能默者乎。有學與誨而能不厭不倦者乎。自今以往。我日與道相終。

理足神完。此警。

始以靜專生其奮勉。以奮勉樂其甄陶。雖不能渾與道一。庶幾誠焉而有以自得。學焉不苦于自厭。誨焉勿患其自私也。何有於我。〻敢以是諉其責而不殫其功哉。

抱道守一。氣卷舒極渾融。極高老。原評

○○○默而識之學 三句

陳際泰

心有獨得其施於人我之際者不能已矣夫自爲與誨人所以不能久若中無所得而然也識能默識如聖人則雖强之使厭與倦將不能矣

從下二句倒入說傳淵貫全題不膠滯而圓

且吾人亦知所以自爲矣亦知所以誨人矣然口耳之學其所從來者近非真知其然而得其義類之所統不過前後師承曰此先君子之言也唯唯然受而傳之此宜其精神之易去也夫欲其精神之生必欲其獨有所得而可夫獨得之妙非口說之所能參亦非口說之所能盡也凡所獨得者必有恍然自遇之處生平尋繹而不至者而忽然遭之心識其契而口不能狀其然然而領悟深矣凡所獨

得者亦止偶然暫示之神一旦現前而相親者而倏然去之心識其

默字只如上一股所言便足不必如此太說得跡矣

然而當陰以誌其然彼其存主家矣默而識之是學之獨得者也夫

獨得之學則信之必深信之既深則其守之也固獨得之學則美之

必甚美之既甚則其思欲習之與思欲廣之也無時而已其為之則

不厭矣其誨人則不倦矣我知之矣默識中之所得者誠有所不能

盡此理義之所都也夫如是則人與己之交固有終身不得其實之

句句收攝入默識去

所止者矣口耳之學雖至浩博然一歲不能窮者益十歲而窮之夫

安逕是焉抑默識中之所得者誠有所不能名此說樂之所居也夫

如是則為與誨之間固有鼓舞不知其為主之所存矣口耳之學即

一神奇然一觀而神驚者將再觀而神云夫安能若是焉信乎學貴乎其有獨得也

主胡雲峯說籠學誨入默識中超心鍊冶倍難於三句分疏者　汪武曹

敍難處是下二句話頭可以移向他處文乃打成一片也義理既精篇法安得不佳深入淺出極透極脫此得力于大蘇章漢云前人都未曾說到此大士先生開風氣文字

默而識　陳

默而識之

季考超等一名　陳應兆　歲貢

心以靜虛為主、蓄德之功要矣、夫非虛則不能識、非靜則不能默識、默而識之、君子蓄德之功可想也、夫若謂吾人入理每苦心得之難。非心得之難也。理為吾心之物。而不以心會。夫理心為載理之府。而不使理安夫心。是以心游於渺渺冥冥之境。而理付諸若存若亡之中。然則欲領自得之精。徵其在取之以靜虛之致乎。試言之、從來急遽之中多遺忘、為其躁而弗靜也。夫心以靜而能常收視返聽則畢生之精神意氣已他無所往。而游之泳之於以謝輕浮淺露之名。而有沉潛獨注之精。故靜中自有佳趣也。自來冥

靜、虛、立、柱、到、底。

如此讀四子書。

頃之人少記憶爲其塞而弗虛也夫心以虛而能靈無拘無累則方寸之思慮知覺已盡斂其鑰而玩之索之於以通天地鬼神之奥而况古今無盡之藏故虛往每以寔歸也其在默而識之乎不叩而小鳴大叩而大鳴者師友辨論之功也而聲希響沉之後此理將於何寄乎夫理之形而上者原寓於無聲無臭之表固有可以意會而不可以言傳者矣靜以領之得心者忘象得意者忘言

語

錄精語

鳶魚飛躍不語而参上下之化機則宇宙之形々色々皆可以當師友之提命也而心中時々有太極矣陳編以雒誦發篋而微吟昔聖賢紀載之迹也而捲卷置書之餘此理將於何屬乎夫理之

賦於我者原主於不覩不聞之中固有可以心體而不可以言盡
者矣虛以涵之隱見者時毖其機顯微者時司其緘戒懼慎獨不
言而達性命之大原則周身之靜存動察皆足以發聖賢之精蘊
也而心中時時有性真矣聰明之用始患其不精也繼又患其不
淡彼肆馳騁之才者非不可以開天地所未有及乎精神耗散有
即已見之所及而輒忘其故者矣歛而歸諸靜焉聰明日淡則神
閒發透闢
智亦日生其所以知來者即其所以藏往者也而豈同於異學之
守寂哉方冊之昭人所依以乞靈也而吾又嗤其墨守彼事佔畢
之末者非不可以誇中藏之富有而叩以精蘊之所歸有不能舉

其義者矣。然而運諸虛焉。章句不守。則性靈不封。其不徒為玩物者。皆其不至於喪志者也。而豈同於俗學之闒靡哉。是知學貴心得。不可浮慕以為功。理惟神會。正當恬篤以自守。又況學不厭也。誨不倦也。返而自思。我能無愧哉。

神清氣爽。悠然淵然。造微之功。足參正始

然而識　陳

默而識之　不倦　　楊　顯　一名

聖人思心得之詣、而有以見其深焉、夫識猶是也、而默深焉、學誨猶是也、而不厭倦深焉、此心得之詣夫子所以深思欲嘗謂誅理視乎其功而致功尤視乎其心故有存之為至靜之心有體之為至純之心有廣之為至公之心則心之得其深者即理之得其全而其詣遂穆然以遠矣何則至理非淺嘗之端必以藏之一心者為淵微所由通人已無可間之修必以本之靜悟者為性情所自洽故論其功則識以存理學以集理誨以明理皆為功之所必盡而論其心則識有由深學有由純誨有由弘皆為心之所必全若是乎識可念也而吾有思夫默而識之者名象所以窮神而識則名象之俱泯意言可以

有此三語卓然為起

奇語亦簡潔

提默識

說亦顧淺

鄉墨文彀　康熙戊午陝西

超悟而茲則意言之悉忘推斯諸也凡古今義理之要皆可以默通之而其識為何如焉由默識以為學則學可念也而吾有思夫學而不厭者至理未可易窮而茲則相研于無窮性命未可易殫而茲則相期于必殫推斯諸也凡聖賢高深之蘊皆可以不厭者深之而其學為何如焉由識學以為誨則誨可念也而吾有思夫誨人不倦者量必兼乎成物而茲則成物一如其成己功必期于善世而茲則善世一如其善身推斯諸也凡斯世公溥之量皆以不倦者弘之而其誨為何如焉此蓋歛其心于靜悟之先而大其量于身世之際功致乎勉者心已幾于安矣此蓋悟其理于象數之始而極其益于教學之弘功殫乎人者心已洽乎天矣吾蓋幾為思之而穆然以遠矣

大意歸重首句而体格仍用三平脉真局正○夫子嘗自居為之不厭○誨人不倦○此章却以不厭不倦為本領何也○蓋以不厭倦對聖仁而言○只是下學事○其不厭倦從默識中出○則造詣深察有未易言者○中間從默識領出學誨○遂合通義之說仇滄柱

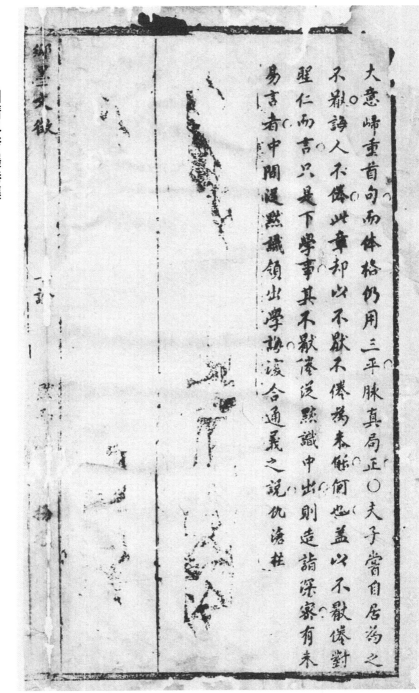

默而識之　三句

歷形無間之心由自得而功深于人已焉夫能默識則理有自得矣不厭倦則學誨兼殷矣予故歷想其心之無間乎嘗思名理無淺嘗之境而功力非作輟之端唯恃此一心之用以相深于無間

（已完一篇之局）

而已故不以口耳叅之存焉而弗失也不以歲計之入焉而愈深也不以物我間之叩焉而必竭也即尋常下學之功而有純粹以精之詣矣夫自為學者必務致知也則識先焉天人性命之理寓于耳目者淺而賍于心思者深識固貴以神用也然而聰明之士覩記常淂涉獵之徒遺忘為患則旋得而旋失者多矣不見夫

息之深：：藏之豐：：者乎斯默而識之者乎窮理至而相通以性（深○造○）

得意可以忘言也研幾深而相遇以天知來即以藏往也圖書不

（○自○得○語○）必懸于前而微言若揭象數不必呈于目而精意常留其沈潛體

味既殫服膺弗失之勤而默識心融自獲資深逢源之樂斯為神

明默成而心無間于識者哉乃自默識者必事居稽也則學以繼

之藏修游息之功矣諸一日不為暫期諸終身不為久學固貴永

其趣也然而淡漠之懷忽焉思去浮泰之志終不相親則進鋭而

退速者多矣不見夫念茲在茲釋茲在茲者乎則學而不厭者乎（○自○言○講○古○之○趣○）

日從事于故業尋繹焉而彌旨也日相引于新機取擕焉而不盡

也詩書之味甚長而風雨無忘誦讀益增之悟若棲而晦明弗懈
勤修其憤樂之相生者悉彌寢食寤寐之私而終始之遞積者自
致緝熙就將之業斯為遜志時敏而心無間于學者哉抑默識以
為學者不第成己也必且誨人成德達材之事無行不與者其用
弘教思無窮者其心切誨固當總其志也然而人我之見畛域易
分提命之餘甄陶或隘則先傳而後倦者多矣不見夫立必俱立
成不獨成者乎則誨人不倦者乎闡所蘊以相宣有懷畢吐也隨
所叩而輒應有論畢宣也語上偶傳大道之公無隱兩端必竭一
蒸此一節不倦意始完備
心之應無方唯因人以施者視天下無棄材故隨時以授者其先

後皆一致斯為樂育弘多而心無間于誨者哉我非不欲至之而自考果何如也

屹然鼎峙各還實義凡正側重默識之非其言之有味勝食水精鹽也

默而識

默而識之

歲入候官縣學第十三名　葉聲遠

識以默存心無遺理矣蓋理非識不存而識非默不貴默而識之

則理與心恬矣而心尚有遺理乎今以理之存諸心也不能強而（消息甚微）

留之頓莫或強之而有無不存者靜以制動神明之用常聚而不

散斯觸處而有以得夫理之會通何也心之體本虛乃見其虛而（先引起識字一層淺處都深）

又見其實者理無所歉而為吾心之所得攄者初不容滿也心之

用甚逸乃見其逸而又見其勞者情有所鍾而為吾心之不可遺

者實無容忘也若是者識其貴乎第識在內而不在外神浹而精（微至耐）

不聚心思必假靈於口耳則聰明祗在涉獵之中而心思亦迹識（參）（撥入默字一層）

貴沉而不貴露氣浮而息不深心性必求功於口說則領悟並無
獨得之奇而心性亦荒以非默焉故也今試思一默識者於此豈
（掛漾臨天風）
其縱迹象之觀而遇而輙忘也哉惟迹象早渾而融諸不語之中
也已念古今名物之會外觀皆借而內証斯真淵淵乎沉潛之氣
（觸去雜識多識）
相為往來則萬理不遺而一理畢貫得意忘言而強之之力亦藏
（見地詩高）
於不用斯其心有專焉者也豈其襲聽覩之緣而過而不留也哉
惟聽覩亦萃而寓諸無言之表也已念學人意量所居動涉皆浮
（可入語）
（綠）
而靜存斯切般般然茹納之神相為凝注則理不凝心而心日融
理參微忘象而多之之數乃遇乎其原斯其況有永焉者也養寧

謐之衆而適以開虛靈之府故一心之翕受無方謝輕浮之氣而適以會精一之歸故千聖之心源若揍慮不紛而神獨暇以心載理絕不存疑似之端機不露而內獨恬即心為理又安有存亡之感合之不厭不倦而於我何有哉

破除俗諦澹然獨與神明居杜老所云心清聞妙香者如是如是

默而識之　葉

默而識之 三句

江南鎮江府歲考
靖江縣學一名
劉漢翔

理貴存諸心，而學誨俱植基於默識中矣。甚矣存諸心者有合功也。不厭不倦，孰非默識中所自具乎。嘗謂理在天下，無一不當求諸心也。修己以靜而能專，成物所以靜而能普。惟以天下納諸吾心，而以吾心歷諸天下。斯人已乘成之蘊，遂有取資不盡皆默，蓋人之[illegible]而未有已知學也、誨也，而其功則自默識始。一[illegible]心內[illegible][illegible]天地萬物[illegible][illegible][illegible]一[illegible]端端乎天下非多，吾心非少也。孰得而窺其絕續之際。一理中涵，而脩己治人，渾然一體。蘊蘊乎天地非遡，古今如接也。孰從而何莫非性之存。天下之理久蘊，豈聞之所擴。若乃遊心淡[illegible]覺見躬此而較精也則默識中之蘊蓄何深也天下之理每為擬議之所隱若乃原心淵變蹟機命自此而益通也則默識中之錫類何盡也一兩兩是而為學上所當然之理盡人同得而以默識者處此必自強而不息焉以存之心者驗之學而衛以御煩瑣遂[illegible]歸也以教之學者驗之心而入而愈深則有處而一致也其不厭也一淵然之精神所引而伸焉者取兩兩是而為講止此同得之理日相規勉而以默識者處此必出成而不遺焉以得之門者講之人則編習而益高明沉潛之思其神也以悟之心者推之世則取像而予成德達材之殊其教也其不倦也一默會之心思所觸而長見者取爾餘潤之

意氣而總歸於篤實則萬物之理以一心收之而無餘也斯忽悔之神明而悉返於剛健則人己之間以一理措之而無不足也我於此敢以其諧之易幾而以為有於我又敢以其譎之難幾而不思有於我哉

理解透則法自隨之法從理生故無理外之法理隨法運故非法外之理○或謂海内才人都來縛於八股文字而不能展殊不思兩間之理賴聖賢之經傳而發明經傳之理賴制科之八股而發明未嘗有異理也則有才者未嘗不可藉之以展其才且所貴乎讀聖賢書者亦以檢束身心耳以八股文字取士俾子弟自幼經

業不敢妄有作為則教實行之意即存於入場取士之中奈何以之耶置齒數

默而　劉

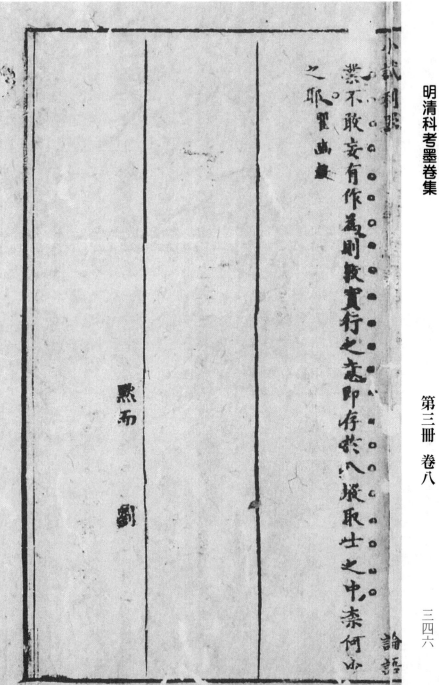

通篇用筆細作推之好竅也

默而識之　依原評點

于學院歲考德化學一等二名廩鄭惠琇

沉潛之士、靜會於無言也、夫多識所以畜德也、識而嘗出於默、沉潛之士、不有異於浮淺者歟、今夫天下之理、散而求之闢見、不如其歛而聚之吾心也、顧心靈物也、無以鎮之則靡而不入、心亦動物也、無以靜之則流而易浮、惟不靡聞見、而亦不事聞見、而所聞所見、息之深ゝ而會之豐ゝ乎、何則、靈明之境、非靈明之機、無以闡其奧、然機與機相觸、豁解悟深、而體會猶淺、流動之趣、非流動之神、可以嘗其旨、惟神與神潛孚、則糟粕化、而意見自融、吾蓋有思夫識之者、吾蓋有思夫默而識之者、默者、非窒其靈之機之謂也有其靈而鎮以處之則靈得所舍而不患其贅夫人心莫不有靈然靈而錮之固無解於愚蒙若靈而縱之亦難免於鄙廓惟會悟在神明不言而喻也默通在寤寐得意忘言也用吾靈而若晦則靈無不入而理之根於心者毋憂其或擾矣默者又非循其動之神之謂也心一動而靜以淵之則動得所歸而不失於滯夫人心孰不欲動然動有其關可不踰夫天則若動無其制終難免於馳驅惟羣言升落能悅諸心也退藏於密能研諸慮也渺衆動以靜存則動而無動而道之會於心者堅固而不搖矣且夫不默之足以害吾靈也久矣勦說雷同僾於口而不經於心道聽塗說輩

其識而不會其旨無怪乎叩其藏而一無所有也非其識之不靈亦靈之不足以為識吾甚惜其靈之誤用而若自封也若默焉不恃口而恃心不恃心之紛而恃心之一則靈以一而精初非拘泥而自廢一掬夫默之足以範吾動也又甚矣心領神會觸諸口而不覺其濡遲成性存存藏諸心而無關於解說夫是以啟其鑰而當有日新也非其識之不動亦動之不足以累識吾甚仰其心之動而不至放也蓋默焉不事聰明而事方寸不事方寸之雜而事方寸之專則動以事而直更非守寂以空虛若此者默以承天何營不言之於穆識以紹聖無斁德行之默成吾安得不與不厭不倦

手南書屋　點西識　鄭

都同往來於心也耶

于達學院老夫子原評

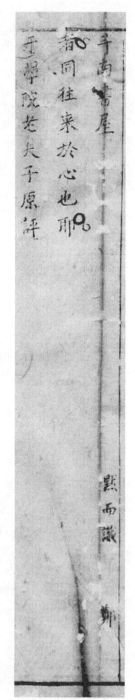

默而識之　三句　潘弘仁

功歷其全有相引於無窮者矣蓋識矣學其未可已也學矣誨其未可怠也由默識以辟乎獃儀豈易盡之數與且人之從事於道者將以大其所求也無以深之徒而不可止矣無以資之倫而不可通矣無以廸之私而不可訓矣騁外者既荒其内而務已者復遺乎物故君子莫貴乎其備也今得而悉數之修心之量莫極体靜者淵所以恥小成者必畜意懷道以專服乎至誼而上見昔人下風来者皆其一致之所謀入道之罷多端質沉者進所以営本務者必約躬息志以庶幾於古儒而博物見稱小子有造率為大雅之所材則有思於默而識之者人之記載不一端摠不欲為諛稱以動衆軍厥内美何少文也其聞道而思與

甲科墨卷選　崇禎己卯浙江闈　一

大言不襲於今爲其師古有獲典䖏闘不起於市爲觀夫治藝之入微

京評 煮煮美竒 兼有実際

京評

秀宮

者猶稱罷岑于巧況茲神明之用而能不隱溪以致者乎謂非克治于

下此處不將李梅貞事默識使分二段絕高

中者不及此則有思於學而不獻者人之綱羅不一事總不得爲寡陋

以貽譏置身六藝亦孔偷也其規之詩史典可以監德禺爲其徵之罷

芸云 李宇傕

物典可以悟仁恕爲觀夫張識而備藥者猶必稟終若始況茲問益之

會有不燕寢匆衰者乎謂非加功于已者不及此則有思於誨人不倦

艾云 梅宇愈淺愈確

者人之教思非一術總不容爲褊齋以自盈傳之同好致足樂也其身

焉衡度典則有入侍之範爲其音應風雅典則有振辞之典爲擬夫工

曲之相師者猶且枉材不拒況茲正誼之傳或可訓率有遺也乎謂非

京評 後幅處大都侵下然則嗣然使消矣

大道爲公者不及此則理之不可蕪也然必有所以蕪之者以甚全

[子曰] 默而識之　三句　潘弘仁

予已即以爭外予人古之成名而立者夫孰與儕美也乎此則事之（擊動何有）
（原評：仍說他人妙）
不相及也然必有所以及之者哲人勤孜道之方下士諧教人之義古
（反振便起下文）（渡下）
之復心而秀質者豈皆由天錫也乎雖然以求于我則未之或有也

此題斷當作三平講默識謂不言而存諸心是指在內底說學兼資
聞見是指在外底說誨又是指及人底說叅惟合內外人己交盡所
以為難故曰何有於我若單重默識謂即以此為學為誨則掃却聞
見未免墮狐禪一派矣默識即默而識之不言而信之意識訓記訓
存非着力記憶之謂乃心與理契自然如此不厭不倦亦是自然而
然三者雖非聖人之極致在學者亦甚難講中須說得三者極難
虛懸擬如此方起得下何有于我之意默未必能識學誨未必能不

厭倦惟默而識學誨而不厭倦方見心至間斷三而字意須一二清
出為妙此文入手便見三項起化處貫徑八順分三股々股頭尾各
逗下意末化統收仍復起下氣味濃厚允矣元法　徐為儀
至默字惡套而意象自微遠至默字寥々揀而為誨皆淯深思摠就記
載六藝風雅見聖賢之學而聖賢之精微具此矣推為此題程式可
也禪宗盛行以釋迦之荒誕繹先聖之格言遂使默識二字驅天
下而入於夷矣不知聖人之學止有好古敏求聞詩學禮所謂默識
不過不事口耳講解耳　艾千子
三平講真能徹全節之氣者文思淵弘筆法雋妙超諸子而上之矣
○聖門之學以沉潛為基故從默識說起默識亦非學問峯頂時作

必以默字貫何病也讀此始覺洒然　孫若士

題何以必貫三段曰從默識到學誨生一過接則何有處不動矣亦有三段而全理仍不得動着又須分別觀之　傾麟士

抑揚蘊藉吐納風流而聖學之精微已具于此掩映下句嫣然欲絕　碩備遠

三項本自分開俗手必砍將默識句串搽牽扯混亂即使詞意燕美亦近談空覈玄之學非聖賢正旨也文獨不犯又能聯上動下章素文

子曰默而　一節　　錢萬選

聖人思心得之詣、深體之而知其難也、夫由默識而不厭不倦、則得諸心矣、而聖學之内外始終、皆在乎此、夫子所以終身于其中、而不自足也與、且我心自有之理、其體本無不具、而非有所歉于我、其量本無不通、而非有所私于我、是故上焉者、渾忘而不已、曲成而不遺、純任自然、初無俟夫人事之為、次亦深思好學、心知而切究之、循循以及于物、而無窮之意、悉存乎其中、要其體之我、而不失于浮習之我、而不失于怠推之我、而不失于監、無一念不在我、又無一念知有我、則所以求盡乎我者、蓋亦難矣、思我自寢食

揔提是聖人自道分上認

蹤點識
[illegible]微

憂憤以來歷敬業樂群而後不敢希生知之名而多識以蓄其德未能盡聖仁之寔而學誨以要其成以為庶幾天人之協一而物我之希化矣乎乃其諸固未易易也夫不有默而識之者乎同此睹記之常而其氣日以斂其養日以邃淵涵性命之蘊靜而能通統會理道之原虛而能受無聞而如有聞無見而如有見是殆超乎形象之先而運乎聲臭之表者也夫不有學而不厭者乎均此（默知行學字精切）術習之恒而其機日以生其旨日以永博觀載籍之林研之使晰優游日用之境屢之使熟勿淺嘗而輒阻勿見異而思遷是殆積于無息之神而貞于自強之力者也夫不有誨人不倦者乎猶是

論字中亦該括

大筆如椽

寫何有字焉寔不泛作講家

啓迪之事而其誼曰以篤其澤曰以弘微言指授上哲就其範圍
文義昌明中材亦知鼓舞或因時而提命或隨事而裁成是殆協
千人性之同而歸于吾道之公者也之三者徵之為存誠見性之
本精之為窮理格物之功太之為修身覺世之圖久之為達天盡
人之極豈非思勉之交深源流之共貫者哉而以我自視則何如
也才智很而大道存則忘言以得意略迹以存神此亦知來藏往
之哲也我非不心焉識之矣然欲念寂然不動之地其果藏焉修
焉息焉游焉神而明會而通乎我能有是乎名物繁而義類廣則
知至以與幾知終以與存此亦富有日新之業也我非不心焉學

之矣然試念厥修乃來之際其果念茲在茲釋茲在茲引而伸觸
而長乎我能有是乎訓行立而人材盛則傳道得吾徒行道得吾
與此亦貞志彰教之責也我非不心焉誨之矣然試念一堂授受
之餘其果匡之直之輔之翼之徵而藏約而達乎我能有是乎而
乃今而知我之多識者非識之難而默識之難也而乃今而知我
之學誨者非學誨之難而不厭不倦之難也此以見我之所為可
至者皆我之不可至者也則以道之難窮也而我之所為不可至
者未必非我之可至者也則以心之難已也然則何有于我者哉
究何可一日不有哉

望道未見
純亦不已兼二義　乃否

評

于道理精深貫通處所識無不到隨地俱道着源頭如此乃得
聖人自友分上事

子曰默

[子曰] 默而識之 三句（論語） 戴名世

默而識之　三句

由自得以及于人聖人歷想其無間之心焉夫默識則自得矣由
是所以不厭者乎己以不倦者乎人非心之無間烏能如是乎且
夫人之悠焉忽焉而易有所忘者必其未嘗得之也既已得之矣
方且泳泳乎其意反覆乎其辭欣欣然而未有止也而又安能有
忘乎哉吾嘗深思乎義理之途而知口耳之間必無學問亦嘗意
端乎作輟之患而知人己之際接無懸殊則夫有所謂默而識之
者蓋侍講習之功則聽睹之餘何者是其一得藉師友之力則問
難之下猶是判然兩人故識非難而識出于默為難也不言而信

存乎德行君子之沉潛淵靜者止欲其自得而已矣抑有所取即旋有所棄則過而不留終非己有徇于外必至牿于内雖操之勿失而居己不安故識爲貴而識出于默更貴也中心藏之何日忘之君子之融會貫通者其自得誠深耳矣吾且（聯絡）見其自得而不自以爲得也則學而不厭也夫人惟是無所得者其心易足是故止而不進是自以爲得（亦先在對面落筆）知其必無所得也乃若用力于心之所得者而循環往復屢進而不窮則心愈契乎理而其理固有（抱首句）不能舉以告人者耳吾且見其自得而必欲人之同得也則誨人不倦也夫人惟是無所得者其情易私輒匿而不予是不欲同得正其必無獨

得也。乃若出其己之所獨得者。而殷勤教戒有加而無已。則理已闡于心。而其理固又有樂乎舉以告人者耳。一如是而知其心之無間也。心與理無二。而不心與口講。人與己無二。而未嘗以形隔。則夫自強不息者。固可渾乎其迹。成己成物。不外寘心內與之中。有初有終。止是心解神會之事。則夫純亦不已者。固已立乎其基。以我自問有耶否耶。

揔評

攝下二句于首句中。納首句于下二句中。他題不能通用一字。去有得之言。所謂一出乎其誠。不隱其所已至也。方靈皋

第三冊　卷九

子曰繪事　二節　董北泉簡存

說詩而所悟不於詩、得詩意矣、夫繪事之說、詩耳、通之禮後、肯
（漢〇唶〇云〇榮〇然〇己〇解）
不綦遠哉、故曰此詩意也、且詩三百篇皆占人比物連類之所為
作也、惟聖人者觀理之通、故能盡詩之變、以此律學者往往難之
而一日顧得諸子夏也。夫其有疑于逸詩也、素絢一言方滯其解
而遑知其他。夫子為之假其象于繪事、而析其義于後素、斯時也
（若〇森〇云〇草〇然〇云〇然）
念天質之可尊、知人事之已末、天下之事近于繪而功近于後者
（羽〇翔〇云〇神〇而〇承〇叔）
其理何所不樂焉、特無有引而伸之者、而聖人之意亦遂即事而
質之辭矣。今夫經曲之隆、先王之所貴也、多少小大之數、君子之

評

所諱而詳也然而繪何以後得非以其踵而增焉者乎繪且有素
也獨可以虛而遺焉者乎親用者必責其本脩物者必從其溯禮
之為後蓋繪事一言中明具斯理焉微商也言夫乎幾意不及此
故夫學之難言也林放而外罕有問禮而及其本者矣曾參言偃
之徒咸終日言而徒既其文矣今曰禮後則其所後焉者當復何
言精亦當以神會
洞翔六無言勝有
如等禮于繪則於為之素者當復何如以商此時之所見視向者
若霖天簪在然外
沾沾素絢時豈復可以度量計哉噫此刪詩三百篇比物連類之
大致而惟聖人能盡其變者也商也顧何以及此厥後詩學之傳
卒歸于夏氏有以也夫

減盡題痕筆筆超異望之如海上奇雲忽卷忽舒忽斷忽續鳥
乎測其變化邈一
玄天幽且黙仲尼欲無言到此使人意都盡更何處有色聲香
味可尋若霖

子曰繪

〇〇〇子曰繪事　二節

說詩而所悟不於詩得詩意矣夫繪事之說之詩耳通之禮後旨（漢階云諜然之解）不綦遠哉故曰此詩意也且詩三百篇皆古人比物連類之所為作也惟聖人者觀理之通故能盡詩之變以此律學者往往難之而一日領得諸子夏也夫其有疑于逸詩也素絢一言方滯其解而遑知其他夫子為之假其象于繪事而析其義于後素斯時也（右霖云草蛇灰綠）命天質之可尊知人事之已來天下之事近于繪而功近于後者（淵翔云神似永叔）其理何所不舉焉特無有引而伸之者而聖人之意亦遂即事而置之爾矣今夫經曲之隆先王之所貴也多少小大之數君子之

所謹而詳也。然而繪何以後。得非以其踵而增焉者乎。繪且有素。此獨可以盡而道焉者乎。親用者必貴其本。備物者必從其朔。禮之為後。蓋繪事一言中明具斯理焉。徵商也言夫子數意不及此故。夫學之難言也。林放而外。罕有問禮而及其本者。曾參言偃之徒。咸終日言而從既其文矣。今曰禮後。則其所後焉者。當次何如。爭禮于繪。則於為之素者當後。何知以商此詩之所見。視向者活之素絢時。竟後可以度量計哉。噫。此閱詩三百篇比物連類之大。數而惟聖人能盡其變者也。商也顧何以及此。厥後詩學之傳有以也夫。

（雖）（淵然無言。勝有言）（言讀者當以神會）（若采若繪。在繪外）

評

緘畫題痕。筆筆超異。望之如海上奇雲。忽卷忽舒。忽斷忽續。烏乎測其變化。遵一玄天幽且默。仲尼欲無言。到此使人意都盡。更何處有色聲香味可尋。若霖

子曰繪

繪事後素 二節

王詒燕

言詩而通其辭、聖人有神賞焉、蓋繪居素後言詩非言禮也、而兩以禮言之、洵可與言詩矣、夫且詩之為言貴得其意而已、有作者之意、有讀者之意、明乎此詩之為辭斯不以文害辭也、通乎此詩之為辭為能、即小觀大也、素以為絢之間、簡也、可與言詩乎未也、言在此而意在彼、若風人之致也、而況以為一言者之令絢已明明開以必受之路、說在此而悟在彼者、學士之明也、絢在以為一言絢之與素已明〻示以遞進之機、夫子於此亦與質言其義而已矣、今夫素絢之為言也、本由繪事而命之名、則詩之言以為也

（奏刀劃然）

（不覺其倒）

（繪事只就詩辭）

（詩）

（辭述環）

王淵翔時文 上論 雲深處齋存

雲深處簡存

明其既後而意自顯而繪事則後素矣商觀繪事則知後矣由斯

（手）

說也而商於言詩也何有焉今夫天下之事其差數大略可覩已

（亦乎亦應）

而夫未有而肇起事圖疑於飾而非有所因飾於何起則飾者已

（論妙）

後矣雖蕢桴土鼓豈無因而飾乎由其既起而致美焉則益乎加

而加於可受不能加於不可受則加者皆後矣凡聲名文物非可

受而加乎禮後乎信斯言也而商於言詩也果何有焉繪之後詩

（論如止水鑑形纖毫必微）

人言之所未達而達之者也夫子起商也禮之後則詩人言之所

未及而及之者也商起夫子也夫子起商止此一詩也其為言也

可以破愚可以益智商起夫子亦此一詩也其為言也引伸而長

觸類而通蓋詩非辭之可盡也以婦人女子之事廣而推之於風教則三百之義類一推言者之神明且詩非理之可拘也以工師小道之為微而証之於身心則忽然之感興可知興者之神貴今而後商真可與言詩矣宜夫子之嘉歎不置也厥後文學之傳歸於子夏而西河之教於詩尤稱專家有以夫

言詩作綫而後字作眼極意經營故不費力　明允批

八十老嫗都解而骨節珊珊靈通自在所謂絢爛之極乃歸乎淡者也　雲衢

繪事後素

呂葆中

即繪事以言詩、知必有所後矣、蓋未繪之先、我知其何素而不知其爲繪也、明於後之說、則素之爲絢也昭昭矣、何獨于詩而疑之、今夫詩言志者也、而未嘗不精于言事、無他、百工之事、皆聖人之所作也、

清出事字便分曉詩絢聲古字明

詩既以事而言也、何不可即事以解之矣、今商之于詩、疑于素絢耶、將毋疑于素絢之爲耶、自商言之、素則一事也、絢則一事也、非一事

中上爲字出疑因出後字之來

也、而欲爲之、則將曷以爲也、可疑也、自我言之、此一事也、居先者也、

呂從爲字轉出

彼一事也、居後者也、非兩事也、而同爲之、則必有以爲也、何疑也、商豈不詳夫繪事乎、不詳夫繪事之後素乎、上虞廷明繪繡之文、可繪上

而繡下繪其後者與雖然、今使裂爾衣毀爾裳、從詔虞臣而諭之曰

繪○事○經○註○妙○一○襯○轉○後○後○字○

若能為日月乎為星辰乎山龍與華蟲乎則必謝不能其不能者何

也以為素之不存繪將安傅也來有繪也必先有素也繪後焉耳我

用秘以虞○書 陳○經○語○第○

周設畫繪之官則同宮而異職繪其後者與雖然、今使不涑湅帛不

本○周○禮○

縕繡絲徒聚周工而謂之曰若可使土之象方乎天之時變乎鳥獸

蛇之雜四時五色乎則必辭其不可其不可者何也以為縱其有繪

無素若倚也六有繪也必先有素也繪後焉耳一夫、皆有此素質也而

中二股反此○即○

其意只就○作○素後○字○如○兩○花

後章之以五采則燦然明而後旅之以五色則燦然明而後觀之以

古人之象則燦然愈明人之見之者皆以為繪也其細也則事之後

者也記之文曰白以受采非欲是可無疑于詩人之為之也夫惟有此本素也而後雜之為文與章則斐然盛而後雜之為黼與黻則斐然盛而後五采之皆備而為繡則斐然愈盛人之見之者幾忘其素也其絢也蓋後始事者也工之記曰繪後素功非點是何獨疑于詩人之為之也

使任社後可移

素以為絢詩原以繪事形容故夫子即繪辭之因子夏誤認為字是合併義特為分別先後耳乃號註非比喻也時文輒云子夏言詩而夫子忽通之繪事豈非夢囈急以此正之　陳大始

從為字入後字處可謂惟清則真中後拆二柱作反正四股一氣

相生後字反覆深暢大始評亦佳甚足破從来疑誤

繪事後　　呂

繪事後素曰禮後乎

吳化

聖人不解詩於詩外，賢者亦悟禮於詩中也。蓋繪事之解固詩中所具之，而禮後之意亦即詩中隱含之也。要非子夏末以悟耳。凡夫天下之至無盡者，其風人之旨乎。其言淺而近，其意宏以深，衣落疑者一語了然，而不必索解於言外。而觀理者旁通無所不適，得觸類於言中，則甚矣風人之旨之無盡也。一如詩言素以為絢，詩蓋以繪事喻也，固明明之後於絢矣。而子夏以為疑，非疑其素也，非疑其絢也，疑其素自素、絢自絢，而詩渾而為一也。而夫子曰無疑也，作繪事，猶我即以繪事解爾，不見夫彰施之事，淡素者常處先乎？蓋

乎丹雘之飾絢爛者必處後乎益質之既朽渫將安施姿之既於何附明以繪之後素而何疑於素之為絢也夫子之就其論

應小講

詩初未嘗辭於言外也此乃不謂予夏者不惟猝然於素絢之辨而且恍然於質文之故不惟猝然於敦厚溫柔之旨而且恍然於恭儉莊敬之微而不禁有悟於禮後人以為子夏之善通於詩外也

林云大絃嘈嘈如急雨小絃切切如私語

吾以為子夏之仍得於詩中也人以為後素之解詩中所有而禮後之理詩中所無也吾以為為絢之說既明於繪事則禮後之旨亦即

隨解不易

已該於為絢也今夫太古之世非白賁之無華乎迄其後之則漸燦而禮制興焉亦猶之夫素以為絢也故自其繁於自然者言之則在

繪事後素　　汪瀣

有處於素之後者、聖人以說詩焉、夫非素無以有繪、則繪其後焉者也、知此可以說詩矣、若曰商也述詩而不得其謂也、將以素竝絢竝衡乎、則輕重已失倫也、將以素與絢齊觀乎、則本末已失序也、吾今爲商也說詩、天下莫貴於有其質、質者天之所爲非人之所爲、而時々出其質以示觀之者、以爲近於淡矣、而至美者存焉、是即至美也、無以加矣、

從素說到繪

而天下莫樂於有其文、文者人之所爲非天之所爲、而時々出其文以相炫觀之者、以爲誠工矣、而所從來者不問[illegible]至

從繪說到素

妙入情理

是知所從來者盡爲其所掩矣、抑知輕重之倫不可失也、而本末之

序尤不可失也則舉繪事與古者而論之而繪事之處於後也固矣今
夫事以後起者為工猶是物也而一經潤色即已爛焉改觀也然而（体物入微）
文章黼黻雖極工麗可喜亦自其既成而見為如是耳究其質而紛（筆端解語）
飾者將安施也則夫素而無繪尚自有素繪而無素即已無繪矣尊（对題甚表）
又以後出者為又猶是物也而忽焉如新此後即不須更飾也然而
紛華靡麗雖極人世之奇而當其未成亦懸揣為如是耳夫其文而
白賁者將如故也則夫素之處勢必至於繪繪之操術不離於素矣
由此觀之彼夫含睇宜笑而又有膏沐之為容亦若是而已耳倘謂（鉤轉上節不愧名家風韻）
素即絢也絢即素也則詩人之賦美人猶何未之耶彼夫翟衣象服

而類有綪揚之甚婉亦若是而已耳是故素其先也絢其後也而詩

人之詠物者豈有不可解耶一白能受采乎及其采也而白矣而白存

傑刻後字精工乃

爾

夫文生於質惟有質也而文附矣而文離矣商也於素以為絢之言

而疑其以二者而一視之乎非詩意也

屬詞愈微析理愈顯可謂言語妙天下也

繪事後　汪

繪事後素　已矣　　宋照

即繪事以言詩而悟於禮者深於詩矣蓋繪事之解子之言詩也

子夏問詩夫子

而商已有禮後之悟非真深於詩者哉今夫詩之長於變也唯善

許言詩通章以詩為主從詩說起得要領

悟者能觸類引伸於不盡故一時所解有以釋意中之疑而當機

所通即有以啟意外之悟吾見相長而不至於窮於以信學詩而

不失之愚也已有如商之言詩而疑素絢之句也商之意中得毋

疑質之可混為文而五色六章即存於白賁之質乎而子則曰無

[illegible]

疑也子試思詩之先言素而可知無為者之在先矣子試思詩之

後言絢而可知有為者之在後矣曷不觀之繪事乎蓋唯樸必增

以華使有素而不加以繪則樸且闇然而無色矣故素之任天者每藉於人事飾其觀然唯白可受以采使有繪而不先以素則采亦欲施而無由矣故繪之任人者尤賴於天事立其本斯時夫子之言詩如是已矣乃商也悟之所通且有契於聖人意旨之外而神之所會忽有見於先王制作之原曰禮後乎一若以人心之竭情盡慎者可作素觀（全以神行）一若以儀文之踵事增華者可作繪觀一若以著誠去偽為在中之質者可作素之先於繪觀一若以制度文章為外著之飾者可作繪之後於素觀（畧帶重素意作波）其亦見乎儀節之煩而有復古之想乎抑以重乎忠信之本而有去浮之思乎商之言此

也即小以悟大因末而見本乎起商也起夫子矣而謂僅可與言素絢之詩歟將舉四始六義以達其蘊而或執於此者不能通於彼則雖解其訓詁名物而適以形其滯商寧慮此乎言禮而知禮之後其見猶滯於實言詩而知禮之後其見已觸於虛虛故無所於滯而凡商周興尚列國興風吾知言中可推於言外矣將舉關雎殷武以發其情而或知其偏者不能貫其全則雖免於害辭害志而亦以見其拘商寧至是乎言繪而知絢之為後僅釋前此之疑言繪而知禮之猶繪已生無端之悟悟故無所於拘而凡南陔無文白華無句吾知有言可通於無言矣宜夫子以言詩許之哉

筆勢超忽

夫此物連類予之善教也而因端起悟商之善學也一聖一賢皆於詩曠然俱遠矣

不矜才不使氣安章頓句以出之題之三面神情俱到定屬方家手筆　楊次叔

高峰入雲清流見底文之高朗秀徹並此真景

繪事後

子曰繪事　後乎

蔣宗師歲取仙遊縣五場重卷　岳起鳳　苞九

為未解者參一解。而得解者又別有解焉。夫繪後於素、子亦解其所未解耳。而商則忽有會于礼焉。詎非又別有解哉、今夫君子之為教也。有可解。即有未及解。故能破人之疑。而不能使人之悟。而吾人之有心也。得所解。即無乎不解。故因一時之悟。且並忘初念之疑。此其不相謀而相合之故。詒之者若不出所問以為詞。承之者已迥異當前之辭。難一師一弟。穆然自遠矣。昔子夏未釋于素以為絢之詩。意謂素自素耳。誰覺其為先。絢自絢耳。孰辨其為後。渾而視之。則亦渾而混之。其胸中蘄蘄。祇挾一見以求通。何從擴

一丸以他及而黹黹刺紉之內幾費思維且謂以素比絢素甚质
而無文以絢比素絢甚文而非質混而言之則亦混而觀之其請
益薄々惟欲得詩中之趣何從有詩外之緣而凝於靜聽之餘不
勝勞積于日商乃以詩闡詩將非詩而遂無可闡乎夫天下易辨
之端無容旁引而喻為素為絢豈云篇章之我秘我自錮耳勞而
引之畫工雖擅一時不能舍所先而施其巧矣抑商以詩證詩將
置詩而遂無可證乎夫天下難明之事每以相形而見一素一絢
莫嘆風人之臆說我自愚耳取而形焉文章雖輝五色何無所
藉而呈其技矣記不云乎繪畫之事後素工商不嘗聞之乎商無

乃意之欽独是學人之執意未融疑于始者未能釋于終即以風雅之委婉入微每多方以指示猶覺彼此之相消後先之罔定而吾党之戒心不設露其倪者已能畢其緒況以聖人之善誘不倦前片語提醒殊覺草草之頓闢觸處之逢源爰作而嘆曰礼後乎物莫不有其華而然果何附乎試思先王依性以制礼寧此揖讓升降之儀而遂極其宜乎溯秩敘之由來必有契于天高地下萬物散殊之際物莫不有其末而末又何屬乎試思古人因情以行礼惟與周旋折旋之著而遂得其本乎念動容之有中不禁思夲經而與有所而殺之文斯言也詎非感于繪事後素中耶斯意也

賓月軒試草

直通乎繪事後素外矣其在子也問堂之上化雨無私不過以者

工一言闡簡編之底蘊初何嘗計及節文度數以生吾徒一日之

感其在商也側聆之下具怀至遠真着以罕譬片詞引天心之動

發秦凡夫言素言絢無非三千三百之机是則子雖觧詩而商則

及于礼亦唯商及于礼而子又歆其之言詩矣

葛大師相原評

[redacted]

繪事後素　兩節　　周振采

解詩而別有會焉、聖心之所樂也、夫子夏聞夫子之言、亦無疑於素絢已耳、禮後之說、豈子所及料哉、故深嘉而亟與之、且教者能開學者之疑、而不能期學者之悟、蓋其積于好學深思之後、而卒（球桐徵引）然相遇于無心、即學者亦不自知其然、而此際之相樂已極矣、若子之教、有引而不發者、待人隅反者也、有隨問而答者、言盡而止者也、子夏疑素絢之詩、亦偶觸于文辭之末者、夫子為之解曰、繪事後素、不多說一詞（跌蕩）、不旁及一事、第令句讀之間、宛然得詩人之意焉已耳、今夫人心之變也、專精之至而恍乎其若迷、或近在目前而失之迨至鬱極而通而精力之所詣直酬以意想之所不及（渺然處而為書）固有渺不相蒙初終頓異者矣而自得之難也雖有名理而神明所未洽終折乎師友之訓而不親時乎神識頓開而會心之不遠獨攄于性情之所自發固有觸緒而來無所依附者矣昔者先王因人情而制禮而天下日用而不知三千三百道不虛行有節有文得人為貴禮之後也是固然矣顧夫子方與子夏言詩而何以（此義不脫卻不黏）及此崇本尚質時形諸微言嗟歎之下聖人之所見者精而所思者切也而不意猶有人焉談言微中忽拔以同心相印之辭執經而問幾類于拘文牽義之為其所叩者小而應者無餘望也而不

意一轉移焉浩然有懷迴出乎言思擬議之外諸子之質疑請業詳矣無所不悅者回告往知來者賜兩人而外未有若斯之愜心滿志者也是以發起予之歎也當是時問答之後相視莫逆一堂之上得意忘言即夫子豈復有詩人之說者存哉可與言詩亦惟
超然
其意而已矣

空山無人水流花開

儲氾雲

筆筆凌空如天外白雲因風離合一時聖賢妙會遂爾曲曲傳出沈于大

談禪部者云有實際而後真空文似從妙悟入字裏行間具醍

醐味方藥房

採菊東籬。南山在目。此不可言語會也。劉雲莊

繪事後素

丙辰 金德鍈

繪後素而有事可以得素絢之言矣夫素可施以繪而繪必後於素其非即素以為繪也明矣觀於繪事何疑於素絢之說乎曉子夏曰天下有為則皆事也有事則皆後也夫事有其為之之基即

跟為字跌入事後先虛擬一層

寫出兩面一層

有其為之之序故以一事兼而美之長而天人交倚必於一事具獨完之質而華采遞乘蓋觀一藝能之肖物而亦若有莫為之先即莫為之後皆可疑素絢之說吾欲為子別素於絢以得其有為無為之辨必先衡絢於素以得其孰先孰後之分秋與清淑之氣

從上素絢分領素繪精理滋為奇文

鍾於人為秀靈鍾於物為純懿白賁無咎猶然昭質無虧夫何必

其人如玉為完素仝宇宙文明之象取諸身為文繡取諸物為彰
施觀象古人猶是榮施當膝夫何必象服是宜為絢爛矣則盍觀
二○北○杉○絵○與○素○双○起○側○注　夹取後字
繪事之於素乎繪兼乎五章素純乎一色素似讓文於繪也然外
字○之○拚
觀未炫而內美已具靜與動緣者常寂處於事先素本於無為繪
錄
彰於有事繪固增美於素也然素有繪而可以兩利無繪而可以
獨全文緣質附者常鍾事於後起凡物之形不盡賦於天工而天
瞽○牧　刻○劃
工乃人工之本彼以五色之陸離肯兩間之景物人工幾奪天工
絵○宇○從○來○無○此○警○闢
之巧矣乃頻益乎素之新機亦漸増乎素之故我其事若從乎草
後○字○配
而革無非因也蓋能以有光有耀者與素爭華朴之衡不能以無

始無終者與素齊本末之序是素固造端於天定而繪乃晚蓋於
人勝也已凡物之華不盡貴於天文而天文乃人文之質彼以五
更精　纖刻處純是
采之繽紛窮萬象之形似人文且洩天文之秘矣乃外襲乎素以
精思結撰非徒以點染為工　妙
絺美卽內剝乎素以修文其事若起於創而創亦為繼也蓋能以
補得益彰者為素酌文質之宜不能以相先為用者與素並胚基
之豫是素固善始於天授而繪乃善終於人力也已事有施受計
層層剝入如獨繭抽絲
其可施先量其能受夫戔戔之賁久不邀顧盼於人間而鉛華丹
紛緌之而無不受也故肖質象形不遽求潤色之設施而先求受
斟酌處字字工力悉敵
采之純白事有餘用神其妙用先完其本餘夫皎皎之姿久不留

瞻矚於人世而黑黃蒼赤辭之而不可遺也故極妍盡態不遯斯 ○長○袖○善○
○舞○到○底○精○神○不○懈○ ○開○合○收○束○
用物之宏麗而先期立體之取精就繪而觀繽紛緣飾反足掩太
○到○後○字○
素之真而惡朴好華之衆目幾止知有繪而不知有素並就素而言
形神渾穆已先立為作繪之基而山龍藻火之迭加不能離乎素
而憑虛以為繪了後而絢之後可知也天下事之有為者何一非
後乎哉

象形肖質繪事固巧奪天工文之工於體物乃復與惟肖精思
妙緒紬繹不窮非尋常點翠家所能彷彿　唐端士

繪事後　金

繪事後素　後乎　　邵□著

素有必中之備，賢者因以悟禮意焉。蓋禮本于太朴，術夫繪之有素也，明其後而何不可引伸哉。且周季文勝，其民高而不節，其風俗奢而無度，識者憂之，遂欲删削儀容，專崇朴畧，則又非也。夫文質二者相待而長，不紊條發，而亦不容淩越，明其序而無乖，則物與之宜，以剂制作之原，亦以顯矣。子夏氏誦素絢之詩而有疑，豈不疑絢之尚素哉。苟思夫鄙野之觀，陋而不可觀也，繁其中節，忍增其華，粉飾之彩，矜而不可尚也，美其中者弗斐其本。昔者有虞氏觀古人之彝象，絺繡為繪事，今於周禮所載，青與赤謂之文，赤與白謂之章，白與黑

參書小題金丹　上論

謂之黼黑與青謂之黻五色備謂之繡其絢爛也甚矣然而雖有錦綉不發炫燦彩有丹雘必先白質素之不能無繪者勢也繪之不能无素者燦也夫子因繪事後素固非獨為繪言也由其說而推之近而周旋折環之容所以繪乎一身威而賓降揖遜之節所以繪乎邦國小如帶裳幅舄之度所以繪乎盥觀大而吉凶軍賓之儀所以繪乎倫常先王製作具依情性後人明述貴見本原夫豈虛而加其文也效人中有所蔽而莫達也然後為之拜跪起立以將之人中有所受而莫舒也然後為之介儐獻酬以表之人中有所疑與冀而莫喻也然後為之經緯錯綜綱維委曲以周浹之三千三百皆繪象也鄭

郁彬彬皆後起也。子夏引伸之，而曰禮後乎。則已神遊夫太素之始也。彩色日麗，意存象先，故禮之貌誠厚矣。紛華須繁，奢備以為榮之說入焉，而墜菁英錯陳。根歸物本，於禮之稱誠深矣。於葛簡率，總雖以為高之說入焉，而棄略雖繞，而可返之于淳龐。風之所以經曹檜也。文已甚而可救之以質，商頌之所以總周魯也。故惟知禮者可與言詩。

此章終始言詩禮後，意本不重。然知此出題，不將先素後禮意發揮，則索莫無味矣。況一答一問，文係學者口氣，何妨自立議論來。小品有相近之見、不拘常解者，此類是也。直是一篇禮論，胸藏

上古今口熟經史方能有此筆力

○○子曰繪事後素　二節　　胡宗緒

言詩者以類舉而能悟者有取也夫以繪事詳於是乎商有禮後之悟焉于啟商乎而子曰商啟予也可與言詩聖人喜可知已且夫善說詩者以為詩之義類其舉乎事者蓋亦已博矣以詩喻詩之為詩不若以非詩喻詩之不止于詩也嘗乎天下孰是可與言詩之人哉昔者子夏以素絢問夫子遂與商也言詩夫子以是何必後以素絢解素絢哉言繪事可也夫繪絢之類也有事於繪必先有不事之事而素從其朔既已有素勢不得不有事而繪受其委猶之有集一人生而然已而益之附其采之事焉蓋夫子言

詩云爾不意商也即有會于先王禮制也原夫凡一事而二體俱
馬太素者居其先因而歎歸者居其後蓋獨繪事然哉大明以來
紆○徐○有○致○
固有被髮而野祭真情而徑行者之未可與知禮顧緣人情而為
之制亦必有由來矣由斯以談禮亦繪之類也豈不在于後乎是
故慶賞賚予之有事也所以繪喜軍旅鈇鉞之有事也所以繪怒
袒括擗踊哭泣之事所以繪哀酌獻酬酢三揖百拜之事所以繪
古者樂備于禮
恭敬鐘鼓管絃干戚旄羽聲歌疾徐俯仰張翕之事所以繪吾心
用○明○傳○而○化○
之和樂然則先王之制作化工也亦畫工也維時夫子驟聞商言
亦不知其觸焉者更何如而得意之妙已中不能言不覺躍然而

莫之而稱之曰啟予者商也始可與言詩已矣蓋詩之為道辭婉而旨深而篤志之士沉靜而淵通與之研析必推類以盡義而抑（方切子夏之言詩）與詩心于初其味更自悠然不窮彼素絢何與于繪事繪事何與于禮後唯然故商可與言詩也若乃後世之士不知詩教溺以尚固不通之詩序托之卜氏子夏之所為果然則商尚可與言詩哉類易為惝怳迷離之辭而無濟于事不墮理障不落詩禪斯又僅見方靈皋

子曰繪

繪事後素 二節

查慎行

聖人之解詩非甚悟者不足與言也夫後素之解予與商言詩非言禮也商因言詩而及之則非言禮也而言詩也予所以必許之且以詩教之善變而解之者將執一說以教人之旨乎學之者亦遂守其師說而于問答之餘絕無所感觸乎聖賢之解詩也方將以善變之心與善變之詩互相推求而不拘其說而又可嘗試之言詩也哉吾黨得予之詩教者商也予與商言詩就詩而進一解也曰詩之所云絢兮繪事也吾與商以疑乎粉藻之燦然而不知其所自始以為天下之文章聚乎此而莫之或先也而孰知固其後焉者也非素無以

為繪也故後矣也禮曰甘受和白受采後素之謂也予之言詩其未諸（實出于奇幻不可測）
禮哉然而予與商言詩也非言禮也且繪固後也禮亦何後之可言（特寫變焉公）
乎天之經地之義民之行也非繪比也亦必待而後之雖然天下事（米合上化）
莫不有後也升降上下之間繪耶素耶周旋裼襲之文繪耶素耶莫（靈巧跌妙）
為之先後何有耶繪之後也禮之後也將毋同然而予與商言詩也
非言禮也而何予此方舉一後焉者以微觸其端而商也即舉一後
民者以曲通其說而無固故悟其義繹之而環生旁及之言其趣隨（翻起）（怪出言詩許詩）
見而默也曰予之起商微矣哉商以予與商言詩也而不謂予固與（是可與言詩）（焉與）
商言禮也而此時商也意中寧復存詩也見哉存詩之見是挾一詩

而來後挾一詩以去也非解人也又豈絕無詩之兆哉無詩之見是

詩之中無詩而詩之外亦無詩也亦非解人也此予之所以仍樂與（警絕）

（二股一賓一主融結靈通）

商言詩也夫聖人之示人也不過據所言之初指而使之無疑初不

能預定其旁通之處迎其機以相待也而形理之初終物情之本末

又未嘗不包舉于所言之內以聽人之尋求而與為往復繪素之解（妙解）

予固言詩而非執詩以言詩也而商悟矣予起商矣賢者之總志也

亦不過秉卒然之指示而忽有所通初非預設為更端之想擇一類

以相化也而本末之逐物而皆存初終之隨節而有待其所深悟未

嘗不隱具乎教者之心而逐之發論之初則相長寔得之意外亂後

之悟商周與詩而參而予且與言詩之意而合也而予樂矣商起予矣然則一言詩而聖人之所以為教賢人之所以為學均不必作言詩解也商月廣其所聞而寔其所悟予僕歎與之言詩也哉

超忽變化脫盡尋常畦逕比落轉換處俱使人不測詞意更極淵雋可咀真名筆也　吳荊山

解手玲瓏往往有意外巧妙通篇一氣舒卷如神龍夭矯鱗爪皆極飛動

不移不易而來信手拈出自成連綺搏閃節奏一一都閒飛動文筆之趣迥絕時蹊

○○繪事後素曰　二節

萊州汪二府季考濰縣學一名　炫㷇

聖賢相引於詩、惟其知所後也、夫繪事之言、詩耳、而商則有禮後之悟也、謂非得夫言詩之致者乎、今夫天下之理之罔不通也、惟善爲解者爾類而皆有以相長焉、而固非區區焉守其一說而不知其又有一說者之所得而與乎斯也、商與夫子言詩、而有疑于素之爲（伏言詩并提起後字通身筋節）絢也、是未知二者之果孰先而孰後也、子曰而盡櫬夫繪事乎、天下之美、不勝增也、當其踵事而加彌見爲美焉、然非有所托焉者而美者安施也、夫繪則亦有然者也、而萬物之質原甚淡也、當其文爲未著、止存其朴焉、然既有其受焉者而質乃日文也、夫繪之于素則亦有然者也而何疑于素絢之說耶夫子之言詩如是而已矣而吾不（文提撥言詩）知子夏于時何以浩然有觸于禮也今夫先王之制爲禮也上自名分等威之辨而下及于節文度數之詳豈不亦委曲而煩重哉然而無文不行無本不立蓋禮則其繪也有爲之素若矣故曰白受采忠（打成一片方是此題文字）信之人可與學禮也然則子夏之言詩不已更進于夫子之言詩也耶宜夫子則有起予之嘆也夫夫子亦甚患夫世之人其中本無忠信愨誠之意而徒執夫文具以相先也久矣其欲反之于朴而不能（仍題亂后繳來不用言字）也而不圖一言之相觸而忽動夫反朴之深心者所得之商之論詩（素字觸見醒）也由是而推夫何至得一解而沾沾焉守之而或流于固者乎夫夫

子又甚悉夫世之人其外雖有文物聲明之盛而徒扶其浮偽以相欺也久矣其欲矯之以質而未能也而不聞一言之相發而忽動其尚質之微情者乃得之商之論詩也執是以往夫何至聞一說而拘拘以求之而或失之愚者豈甚矣商之可與言詩也斯時也商且悦然于所後之不獨一禮矣而何有于繪事之言乎而何有于素絢之言乎不然則亦烏在其為起予也

結構緻密其間殆不容針直是毫髮無遺憾　汪二府源批

前半篇穿入言詩猶是他作所能然手法正難得如此敏妙至後二股人只解從言詩着筆雖有精思妙言都可移置他處作着獨

緊帶禮後起議論○經營之苦○絕非世人所知

繪事後　炫

繪事後素　二節　　荊琢

聖人之言詩得善悟者而契之深也夫後素之言不離乎詩而忽通之禮此真予所不意而樂與之言詩者乎且天下之理旁推交通雖

命意高出意表

有善悟不能增一解爲特患平居之暇事事不關其慮則雖得聖人

正得始前二半之神

之提命而一無所發而凡古人之言之變動不居者其神益亦遂有

着言詩高渾

限矣不觀聖門子夏之言詩者乎彼以素絢爲質而于直據繪事答

查入

之盖謂物有爲受即有爲施及乎已施而于其所爲能受之量固未

二虛字滴通

嘗有毫末之加物有爲施先有爲受惟其可受而于其所爲當施之

清字如在絲毫不露　爲字點睛

直落

分即不容有纖微之缺此其爲後于素而有待于爲無疑也而子夏

浩園草堂

忽通之于禮〡夫禮與繪無関而自子夏舉而似之則人之心必有素

推闡精藴見得関係如許正是先之着透末二句

地焉而一〻繪其中而出之者乃有所因以為之附亦惟人之心先

有素地焉而一〻繪于外以象之者始約其事而無以安其論之所

納入首句中直走言洋芝皎起予神妙之極

関亦大矣〡此可見聖人之言詩未嘗別豎一義旁黍一見而就其文

程子說詩法夫子已先之矣

以暢其肯綮一言之提撕而意境已為之豁然類如斯乎然于耳目

為起予而亟可其言詩何也〡大抵理所不舉在學者不能發無端之

悟而事所偶及即聖人亦有漠然而付之時〡惟商之篤于禮也多少

大小之數已歷〻遍其深曲故子一言詩而本原之地悠然可溯夫

引合緊收

詩政欲人之在〻而遍其深曲也〡商之深于詩也詠嘆淫佚之餘已

時時得其間隙故子一言詩而耳目之前曠然不滯夫詩固欲人之在在而得其間隙也而豈惟繪事之云也可以言禮已然則子之謂然嘉歎而迎而與之者是又以明詩之大凡而所以起商者至矣

末二句真境

嘉隆前輩挨講法俱是先一着透過故過接自然合縫此文做首句後字純是禮字精蘊但只就繪言繪存起予一步地耳做禮後句便見崇尚虛文與簡棄一切兩家都無是處則此語煞有關係在夫子自不得不予之矣若非名理鑿然徒爾因此謂彼夫子亦未遽許之也此俱先一着透題之遺法也至于題有起止自不可不清禮後精蘊即借繪素摹盡而出過處隨將此句納入看句中

歸功夫子之言詩以反擊末二句首尾遂鎔成一片此又參取慶
曆間法而用之也其平平出落不駕搭取勢落恂悅會悟體瑧手
法亦復高絕　曹蘊真
真能從無意味中咬嚼得意味出然是竹林精舍意味非濂洞二
宗意味也　儲六雅
正希全章文安放前兩節自佳到禮後句便只虛描悟景不向實
理發揮并末二句嘉歎之故毫無着落晚村固識其本領不濟震
川文高矣宜為晚村所推重然晚村亦終病其于禮後精意欠發
揮此作平正發揮寔補歸金兩公所不及太抵前有名作不從寔

處精研求出一頭地只向行文講渾脫講高妙擬屬皮毛上事盖渾脫高妙前人只以無意得之非其精力所注也汪武曹

因詩悟禮非平日從禮上體會豈能猝乍及此非平日從詩上處處引伸觸類亦不能毫無粘滯如此也篤于禮深于詩雖意有賓主缺一不可至于繪事句使早擲禮字則子夏一悟非突出意外夫子又何以云起予耶所謂暗通禮字者只是道理本自關通即起語雖善悟不能增一解與中間學者不能發無端之悟之意而已非竟飾淺春光也末句始可與言人謂只贊嘆子夏今日善悟不知致是提與他欲令全詩皆加體味耳結末起商句莫作巧語

瀏其章四書文
○
忽遇 弟有蔺

繪事後之

子曰繪事　二節　高岱

即繪事以言詩而能悟者誠深於詩矣夫以繪事解素絢子不過即詩以言詩也禮後之悟不識出夫子之意外而可與言詩也哉

清與嚴矣

且凡天下之屬於人為者皆其出於後起者也蓋在天之與在人

人眉宇

其先後原不同符而物情之與人事亦彼此有其一致特雜為拘者道耳故一堂辨論之下賢人能通其旨於意言之表者聖人即契其情於風雅之中也昔子夏讀倩盼之詩而舉素絢之句以相

信口而出

質商殆欲于言詩哉夫子於此亦但與之言詩焉已耳乃子若慮商之未可與言詩故不即詩以言詩而為之別通一解焉曰商乎

顧獨不見夫繪事乎。文章黼黻之華。燦然其可觀。從其後而言之。亦幾忘其為後也。而但問未有此繪之先。藉非有素焉以為之質。而此燦然者將何所寄。朱綠元黃之用。爛然其雜施。則從其後而言之。亦應知其為後也。蓋當其未有此繪之先。必早有素焉以為之地。而後此爛然者乃有所麗。商乎爾不知絢之後于素。爾但明繪之必有其先。而詩解矣。商已可與言詩矣。而予豈不知商于是時何以不但明于詩人之言。而更恍然起悟曰。有是哉。子之以繪事言詩也。子之以禮詔商也。三百三千。極經緯之大。倫元纁玉帛固藻釆之必陳。然而酬酢紛紜。必非無情之文物。而謂禮不與繪

（官。止。神。行。）

事類乎。蓋質之不存。文將焉附。故子雖即繪事言詩而已通于禮
矣。微子言。商幾不知禮可作繪事觀也。而于是夫子斯時不但知
（轉折如環）
商已明于詩人之言。而更慨然以興曰。有是哉。商之言詩而及禮
也。商之有以起予也。因性制儀。儀固非無因而設。緣情作則。則固
必有緣而生。然苟拘執鮮通。誰識為後起之塗飾。而謂商不可與
言詩乎。蓋會心既遠。觸類皆通。故商能以禮起予。而商誠深于詩
矣。微商言。予固未及乎禮之不同于素也。是則觀于予言而使善
教者能使人繼其志。觀于商言而知善悟者尤足使人快其情。故
詩教之傳。獨歸卜氏云。

靈氣往来。覺嶄崖絶澗。呼吸皆通。山中雲白江上峰青。差足擬其文境。姚平山

繪事後素 二節　涂學詩

因繪事而通于禮、不執詩者可與言詩也、夫子所以解詩者繪事、而商所悟者禮後豈有言詩之見在其意中乎、然而夫子之與之、正在是矣、且天下之樂有會心人者以其善為解耳、以今人而善解夫古人之言則古人樂有今人矣、以弟子而善解夫師之言則師又樂有賢弟子矣、昔子夏之有疑于素絢也、錯舉其詞而不會通其義、商於此殆不可與言詩矣乎、維時子夏目中一詩意中一詩竊竊然、惟夫子之與言而後已者、夫子亦第就詩解詩可也、而孰知不然、風人寄托之旨遠不可追、而特以其始不立其卒不成

節天然渾成

分總兩

喝言詩全身俱動

人為也而可以徵天事斯世文飾之端都不可廢而特以用之自
芣苢雅鍊不煩　淺
有權衡施之各有次第物理也而可以証詩情子之與商言曰繪
事後素為素絢解也夫子亦第言詩而已矣而商于此且馳思乎
風聲水涌之勢
經曲之大且曠覽乎制作之林且神遊乎汙樽土鼓生人淡泊之
初且寄慨乎鏤簋朱紘踵事增華之末不禁為之憮然曰禮後乎
傳絕
噫商言禮矣不復言詩矣商言詩中之禮矣不復言禮外之詩矣
而夫子曰有是哉商之善言詩也夫子以繪事為解是以有言〻
詩也而商以禮後進一解是以不言〻詩也其起予也寔甚蓋言
一詩而使學問之源流性情之本末皆有神而明之〻意夫乃可

許以知音言詩如商予殊恨華豢由庚缺而未補（用意出新也人亦味所不及）使商少一言予又將少一起也言一詩而使天人之定分文質之定衡皆有明以辨之理夫乃不愧為風雅言詩如商予猶華唐棣偏反逸而尚存使商多一言予又將多一起也可以言詩含商其誰與哉予之與商者如此然非夫子繪事之解何以有禮後之悟是則一堂之（歸本聖人是文義得大体處不但打轉題前）上教學相深謂商之起夫子也而實由夫子之起商也

解詩起言詩止自應提言詩為樞紐非時下貫穿巧法也處處筋牽脉動骨節通靈

[子曰] 繪事後素 骨勝（上論） 孫 穀

繪事後素 骨勝

孫 穀

爲疑素絢者進一解事必有其後矣蓋繪不居後果於何施猶繪不
處後素無由見也以此爲解于夏其例觀之哉夫子若曰見美而慨
發說素絢揭入整節首筆 止領過渾
者世之情而有美在中還當溯其所自來入世而粹者物之變而其
光有輝誰可忽乎所經起爲之參觀而互證之夫亦可知先後之間
不容以或誣也商也讀倩盼之詩而有疑於素絢將謂素即絢耶抑
輔跌緊策 此複洗神
絢不本於素耶而不知事無取乎其相淆也事相淆則相雜渾之而
爭錯無章圖不若區之而向黑有辨矣物無取乎其相假也物相假
則相蒙始之任質于浜然政不妨絲之觀象于人工叅夫不觀繪事

考卷[illegible] 上論 江南鄭學院科考高郵州學一等一名

標○筆○清○勁○

乎繪不自繪始也有開之者而後大闢其方新之路繪不自繪肇也有造之者而後徐加以矞皇之觀夫亦曰後於素焉爾宇宙菁華之氣具於物者咸受之以賁夫賁為致飾之道而飾即飾其素焉者耳

○襟○抱○易○擊○白○轉○從○訊○新○湛○奔○回

當其文明以止或敷布乎天文或燦列乎人文悉本此白賁无咎者以為章施之地謂是繪之與素以為一而非一也以為二而亦非二

○作○精○點○綺○妙○

也事必有後大概如此已兩間朴器之端賦於物者恒望之以華夫華為更新之象而漸即新其素焉者耳當其文明以說不擬以其文

剔醒後半

炳如即擬以其文蔚若總非此華故與新者依然太樸之天謂是素

雕○鏤○從○字○裏○發○出○

與繪兩相成而寔兩相承也兩相輔而寔兩相續也事有後功大

畧可覩已而不見夫山龍之赫奕華虫之輝煌耶舉世競尚以文章

目煙接以增其美人將見繪不見素矣不知幹立質具有加無已夫

篤句 側徹上文語下連宗

有前此者矣彼世之拘牽於章句而罔識夫輕重低昂之分者皆惑

也而不見夫虞廷之作繪考工之染繪耶宇宙日趋於藻麗闗芳菲

消息則

以後其華又將有繪而無素矣不知至朴無文載元載黃闕其絲此

而取彼字此比而西取後字

者矣彼世之漫淫於外觀而徒慕乎英騁彬郁之盛者皆謬也蓋照

挽神前意收束

質無虧伊人宛在初不恃乎粉白黛綠之華象服是宜之子足脉寧

待托爲皓齒凝眸之美商疑素絢襯於繪事可以悟矣

爛如天半霞蔚若雲中鶴人不敢下時作者以胆勝人不能下時

作者以力勝解更有識用筆自高　汪京門

人都說題祗借繪事釋素絢之疑只宜淡寫不知聖人之言偶舉一事理無不該若止就題敷衍不但文情不暢且令子夏禮後之悟無由起本也文最得竅　吳鑑堂

子曰繪事後素　二節　　曹鳴

得詩意以言詩即可通詩意以言詩矣夫繪後之言夫子特以釋素絢而不謂子夏悟及禮後也言禮乎言詩也宜夫子與之哉且甚哉詩之難言也有聖人之言詩有賢人之言詩聖人之言詩也第如其初旨之所存使人悠然有餘思焉詩之意本如是也賢人之言詩也不必其師說之所及忽而曠然有微悟焉詩之意亦本如是也甚哉言詩之難也子夏所疑素絢之詩疑在素乎疑在絢乎後特未明乎為之義也夫子遂與之言詩曰商無疑素之為絢也絢也者繪也吾與子言繪事凡物必先有受之者而後施之

之事得緣而有所附繪從施而素從受也于此見以白受采之意
焉凡物必先有主之者而後輔之事得因而有所起繪居輔而
素居主也於此見以文從質之理焉夫人必有美好之姿而後可（叅看禘○借○彷○正○待○詩○人○本○旨○）
加以副笄象服之飾夫人必有天然之度而後可総以錦衣玉佩（知○盡○）（搽一○句○）
之華繪事後素蓋夫子之與商言詩如此今而後商進矣不敢輕（是○悟○景○）
言詩矣而此時之商異甚忽而曰由子言彼古今之後焉君豈獨
一繪事哉吾今而知所謂禮矣今夫君臣父子之尊親兄弟朋友
之歡洽一相接而忠愛生一相對而情意孚者此其素乎先王從
而節文之綢繆委曲而為之表飾以至飲食言笑亦有威儀豆觴

子曰繪事後素 二節（論語） 曹鳴

衽席俱有等級者此殆禮之繪乎以此言詩是已出乎詩人之意外也夫故生新豈復有詩見也此在子夏問素絢時絕不計及此矣以此言詩是又入乎詩人之意中也彌類旁通何往非詩致也此即夫子言繪事時殊不料及此矣歎夫子曰起予者商也始可與言詩已矣嗟乎古今之後焉者亦安往而不然哉即以詩論其始亦起于無聲由是感而思之而咏是詩亦繪也然則謂天下之大皆作繪後觀也奚不可

嘉魚全章文專寫悟景于下二節全無寔義晚村議之良然今觀此文應知神合也　鄢季正

瀟洒出塵亦復員規方矩豈是尋常法物　王蒻林

誰不知此題難在渡峽吾謂此題之峽并不消一線直令兩邊可也可與言詩句是點穴此際最忌直叠須點得活潑有情方妙惟聲響于下鏡濺殊費精心　孫起山

大境如空山獨夜皓月扁舟

子曰參

子曰繪事　後乎　杭州崔鍾乙翼衡

以後素解詩義于繪事通禮意焉夫言後則為解矣子曰其質也而子夏曰其禮也且一質一文終始之變也知要終前以觀文知原始可以存質知質文終始之變故可以論物理可以治人情替子夏以詩所云素以為絢兮當問也子曰商爾固達於非者何為悱悱解也凡繪天有時地有象時有色象有章合此數者然後可以為良然素不良則無質無以為受也婦官之染也以[illegible]夏以香成也我朱孔陽也以仲秋繢成也是故繢畫之事必以其素功既具巧者章之且其匯巧必似工矣甚乎詩而不言後也詩而

高脫

陛言為也質擬於山河服宜于天帝國風所為賦碩人與而亡一下

須知禮後一日雖未〻子質既皆而仰天如治自言〻詰

知予夏斯〻何以嘖然有　也曰噫商習于禮有日矣而後可今

之況皆〻　平字想出

其知之也　間世喪紀以節哀樂以和男女以別交接以正其行

不得已者邪得已必不制即制〻必不久奚以是賓〻也夫士哉

汙濁風所以為古也搵丹桷刻世所以為叔也事主尊類隆治岂

宜無所本哉成於文終于悅其所由來尚矣嗟乎〻而僅〻繪也

予而既言後也朱絃而疏越上玄尊而先大羹其王者有遺音乎

渾淪光怪蹈厲無根古色古情古骨古味　何楷亭師

不于題總着筆正于題後着意也〻映比似對不對落〻自行胸

臆化工在手天地為爐　程標汁

子曰繪事　已矣　　許琰

聖釋詩而詩明賢悟詩而詩傳夫後素之說予以明詩耳商而通之於禮後商其得詩意矣故言詩之教卒傳之商云嘗謂凡經皆以類求而惟詩必歸心會以所通者廣也苟不善會無論詔之而不能明即明亦明於所詔已耳吾知（雋絕）無意中之詩者其不可以得詩中之意也久矣商也該教西河蓋日言詩者也而猶疑素絢乎於是不得不（即起言詩）（先蓋全篇之局）與商言詩矣謂詩易言乎言詩者必有以入其中也謂詩易言乎言詩者必有以游其外也入其中而析之可於詩見詩焉風謠歌雅必無錮我聰明之用矣游其外而化之可不於詩見詩焉引伸觸類皆

兄益我神智之資矣所謂在詩見詩者則予舉繪事以明素絢之說
是已所謂不於詩見詩者則商因繪事以起禮後之悟是已子之曰

文境

繪事後素也亦以五采未彰孰為塗澤之質六工既鳩先藉粉地之

二異

宜素之後也子但即詩以釋詩耳而商且曰是不第可以見詩商之
曰禮後也亦以忠信薄而文明以昭誰起從先之論恭敬將而幣帛
以著彌深求本之思禮之後也商非即詩以泥詩矣而子且曰是正
可與言詩必謂離詩而後可與言詩是先存一不言詩之見以言詩

變幻離奇之總成文境

也已非詩矣商之起予寔則詩中之義蘊所可自通商特神領而相
發耳必謂執詩而後可與言詩是先存一言詩之見以言詩也尤非

詩矣商之起予寔非言時之思議所可預擬商乃旁通而起悟耳必謂予之言即意於商之悟是予早設一言詩之境以與商也予其未忘詩矣又何以使商可與言詩必謂商之悟即由於予之言是商止於子言之詩以領詩也商亦未得詩矣又何以使予恍如見詩甚矣聖賢之相觸者微也與言者詩不必在詩所與者言亦豈関言也哉

結亦悠遠

故西河詩教厥後為盛云

渣滓去盡乃得清虛未可許空疎者藉口　范談一先生原評

深思厚力慘淡經營而文境幽曲中復極流逸爽朗之致雷霆精鋭氷雪聰明可以移贈陳海萍

繪事後素

張景崧

以繪事釋詩可以知絢之為後矣夫繪事固以絢為之者也知繪之後於素子夏更何疑於詩耶子若謂古人一言之閒事理所由著也備以物舉其義遂成章句之疵必且淆混其情莫辨質文之數詩之失意豈在多乎商有疑於詩之言素絢將謂素即絢耶素與絢無區別耶抑絢即素耶絢與素無次第耶夫絢之於素飾樸而增華變本而加厲憑天之功施人之巧因物之質成工之良其事繪事也以有為之事而非以無為之事者也且夫繪事何昉乎古之聖人觀察於上下而見夫日星雲漢昭回於天草木山川敷麗於地蟲魚飛走之

爲燦賁於兩間思有以則而象之而織文之章未盡會也制爲之形
未盡傳也於是乎作繪蓋所以竭人官之智術而肖萬物之情形揭
宇宙之菁英而盛會朝之章服其義列於制作其藏稱於考工而其

頓挺素字　語

事要不能無所託繪之事利用五色而色於何施[illegible][illegible]施色於色無

妙

所為陸離也迷焉而已矣而其事已素繪之事利[illegible][illegible]求而采於何
受焉夫受采於采無所為紛錯也亂焉而已矣而[illegible][illegible]設當惟是有

清出素字　清出後字

素練焉是白賁之無文也而後金碧丹青濡焉而府

雕人與繪人並列比類恰合

於㡛人之湅漬而繪職其難與染職其易同此縱事
焉是幭幅之無華也而後玄黃朱綠施之而成形此[illegible]

人之鏤刻而繪任其逸與雕任其勞同此踵事以增美藻火華蟲爲書之絺繡於作服者言繪不復言素蓋繪成而素已失也素之中本無繪也龍蛇黼黻周襟之考辨於成章者言繪亦兼言素蓋欲繪而素已具也繪之先自有素也是故素既具則繪漸加天下不能常留太樸之舊以渾含乎聪質作詩者[illegible]以及繪也順而推之而其義自明而凡為繪則必本素天下[illegible]徒務紛華之末以炫耀於虛無解詩者所當由繪以及素也逆而溯之則其理益著是可知繪與素相依即素與繪相濟猶諸輝煌象服不在清揚淑質之先素非繪無以飾耳目繪非素無以著藝能猶諸頌美柔荑乃及翟茀朱幘

之、飾。商誦逸詩。其毋忘後之一說也。

刻蹠後字語〻釋詩即為禮後起悟設色彌工

繪事後素 二節

張夢熊

固繪事而悟禮賢者之深於詩也蓋子言繪事之後耳何子夏乃能通之禮也宜夫子以言詩許之哉且凡事不能無本以將也（四語包括全題）此微罔可以証明一詩也然非真能解詩者不能觸類以通之夫觀於繁縝之微而遂通經曲之故蓋其始雖不免致疑於一詩而固可知其材智之能讀全詩也已子夏之疑素絢之句其言詩也過矣子曰女殆（起得）未知斯二者之固有居其後者也（超）夫繪事則亦有然者矣忽而歎夫五色之煥然也而向何以即之而若淡也忽而驚夫萬象之儼然也而向何以望之而無文也則絢乃所以飾其素乎故詩人引而居之

（後字離）

素之次若曰吾以為終事之圖耳一衆可惟所欲施也而孰謂其能無所憑而施之也形可惟所欲造也而孰謂其能無所依而造之也則絢正難以先乎素矣故詩人抑而置之素之下若同彼特其運事所增耳一予以繪事之後言詩予之有以啓商也雖然言止於此矣而不

（去○旅○字○句）（去○末）

意子夏忽引伸夫後之說而反有以出乎夫子意計之外而若作詩

（句）

者之長於變也作而曰商今有以知夫禮矣夫升降揖讓之為容有

（館○定○發○肯）

以異於黼黻文章之炫耀乎俎豆玉帛之為器有以異於山龍藻大之輝煌乎蓋久矣夫禮之為繪也有為之素存矣故後則其皆後也

（去○末○句）

甚哉子夏能若詩人之長於變也故夫子曰商也始可與言詩也已

矣古人於詩不必皆作者之本指而自可相通夫錦衣之所尚也而可以言下學高山之是仰也而可以言好仁鳥魚之飛躍也而可以言大道以是知言詩或拘泥也若商之以禮爲繪而出人意表則直無所拘泥者乎後人於詩或因一字之偶同而曲爲之說夫周南之咏漢廣也謂爲德廣則謬旄丘之呼伯兮也謂爲衛伯則謬匪風之懷周道也謂爲我周之道則更謬以是知言詩惡附會也而商之禮知繪而知其皆後則豈有所附會者乎一夫善教者使人繼其志然子夏因問之可以受采而知必有爲禮之素者此非夫子所及料也彼之能繼志也不更有深焉者乎異時夫子有言曰不能詩於禮謬

繳上兩層

就繪後字發論更出人意外

論語

若子夏庶乎可以免矣

若隨題截然三層局便渙散○此文妙在說完首節○即就勢直走末句說禮後處又縮合首節○落下題有三層文能打成一片○卻又無詩禮種種牽合支離之說真明於解書而又巧於用法者○至其後幅說詩處更可以知其學有原本非游談無根剿獵浮華者可比也○

綸事後　張

子曰繪事　後乎

葛峯院歲入仙遊縣季　張慶宇　趙標批

借繪以釋詩賢者因之而有悟焉夫素者先也繪者後也且子夏之疑釋而子夏之悟亦開矣禮後一言不從繪事中來哉且夫天下事之屬于後起者大抵皆其後焉者也必有植其址者以開其先斯有踵其華者以継其後聖賢相对一則神旁門曲喻之工一則得觸類旁通之妙矣如子夏有疑于素以為絢之詩而不知無為者先也有為者後也寧独一素絢之詩然哉即如鹿鳴言礼之詩也而承筐是將則絢也而素存焉杖杜亦言礼之詩也而中心好之則素也而絢見焉何独於素絢而疑之夫子曰此其道殆如

绘事然矣天下無質則文爲附。必有素以立其基而後得以彰陸離之色。天下無文則質不顯。必有绘以文其采而後得以成炫燿之观。绘事後素則子夏之疑釋而子夏之悟亦從此開矣。且夫詩之類于绘也亦多矣。木桃瓊玖詩止言绘而不言素也。小心翼翼詩第言素而不言绘也。籩豆明誠醴酒言歡詩則言绘而兼言素之触其類而引之得其意而通之則天下事之類於绘事者皆其後焉者也。此子夏援是而悟及于礼也。夫古不節儉何以有汙樽古不明欢何以有抔飲則礼為其後而亦若于绘事而施五采乎。古不致敬何以有土鼓古不將誠何以有簠簋則礼有其先而亦等于絵事而有粉地乎礼後之言非從絵事中得来哉要之絵自絵也而礼自礼也夫子借絵以釋詩初何尝即絵而寓礼然而絵有素也而礼亦有素也子夏因絵以解詩而即以絵而得礼是則因絵事之言而忽悟及於礼後子夏真善於學詩者也故詩教終傳之於子夏云

子曰繪事後素曰禮後乎

汪大中丞取鼇峯書院按考第一名　陳梓　文水

說詩者不泥於詩賢者之悟盖遠矣夫有事者皆後也知繪則知絢矣而豈獨繪與絢然哉宜夫子釋詩而子夏因以悟禮云且夫風人之旨其至無盡乎無盡者而以有盡觧之惟聖人以一語其勢有盡者而仍以無盡推之惟學者於萬殊觀其合此[illegible]也寞於夫子釋詩義子夏悟聖言見之方子夏之疑素絢一詞也豈不以天下之事凡本末先後舉難以一例視乎夫子曰絢之言一見諸詩若舍絢而言素則他書往往有之詩言殆於繪事近也夫人必有美好之姿而後加副笄象服之飾猶物必有粉地之質而後

素字夫子觧詩在即離閒文妙肖題

撇絢字粘

設土黄山章之華繪不為素先素又何疑與絢混也語約其精理隱隱逗

前以兩素字串

居其總夫子之啓子夏者微矣哉而子夏也得乎夫子所已言了

合此以兩後字打通文之善得題間者

然於此之素不殊彼之素得乎夫子所未言了然於凡有事者皆踵事也然且不復言及素又不暇汎言他事而獨於夫子所謂後

精注之妙一曲一折大有徵徑尋花之趣

者曠乎無際也文明之賁緣有質而始彰太樸之真乃無體所

兩層並合

一氣噴薄楮墨間皆成異彩

寓允若兹禮後乎自禮之廣大者言之則在天成象在地成形流濁繪其氣行生繪其機星雲雷雨繪其華川林山海繪其狀而尊卑定位以來固必有一陰一陽立乎垂象之先一剛一柔宰乎載物之始者以是知高下散殊之禮之多緣後起也自禮之切近者

子曰繪事後素曰禮後乎　陳梓

言之則始自州閭放乎邦國入廟以繪敬過墓以繪哀笙簧酒豆以繪歡帶裳幅舃以繪度而典制詳明之間亦必有無本不立當原秩敘之精禁亂所生非藉儀文之末者以是知經緯繁賾之禮之尚屬後來也然則繪事之移而禮後非子夏之創解乎然亦繪事之說有以通之也要終以觀文原始以存質知質文終始之相乘則物理可賅人情可治先王制作之精意可舉而修明矣一聖一賢之語洵有盡而無盡哉

恢是編廣於題為真沛於文為餘波

汪大中丞原評

詮解既得制題亦復安詳

錢雲巖老夫子老大人評
筆則凌空意則透頂大含細入神味盎然
龍峯山長鄭藕年業師評
上半安頓有法不覆不支後兩比拖繪字貫合一片雲霞明麗
光氣非常
興安山長林敦泉先生評
以超脫繪題情以精深發題蘊看似粉碎虛空實乃脚踏實地
儒門說理異乎棒喝機鋒者以此

繪事後素

陳世治

無事不在素後者、繪事可徵也、夫繪則既有事矣、而不在素後乎、而何疑于凡為素者乎、嘗觀五色六章十二衣有還相為質者、而疑其有各自為後者焉、其先苟無統為其質者則且交失所附以成質而又何能還相為質也、乃吾得此以解素絢之詩、夫其曰素曰絢者此之繪事也重素也、獨是人心之厭素也久矣、不難踵事增華盡其素而變之變之之後、豈復成為素也哉、而詩特尊而異之曰此固本于素也、亦明示人以不忘其所自始、而凡自素以外皆後耳、況夫人情之掩素也巧矣、方將變本緣飾隨素後而誅之誅之既久誰轉愛

翻起後字不

空不空定

以題釋詩還以詩証題

其素也哉而詩頤區而別之曰此其先有素也又隱示人以不繪其所自附而凡自素以後非素耳則吾且為子觀之繪事彰施之用聖人以觀象而垂裳繪而可無事也虞廷不應有五采五色之命矣固（惟禮亦然特後耳固不可廢也）也吾不謂有素而繪可無事也吾正謂繪之既有事則請思夫繪之何所托蓋止此泊然之素見為黯淡而無色而日月星辰之章後之山龍華蟲之觀亦後之積而彌文亦積而彌後非此素也不且藏其（掉句獨）彰施炫燿之事以有待也哉一丹雘之隆盛王以治材而考室繪而可（遠）（用毛傳）無事也周廷不應有梓材樸斲之文矣固也吾不謂有素而繪可不事也吾正謂繪之必有事而還問夫事之何所憑則止此闇然之素

見為朴陋而無華而黝堊丹漆之功後之尒黃朱綵之加又後之附

工于体物

采渝深則處分適後非此素也不且彝其塗塈丹雘之事以莫施也

哉是則觀一物而黼黻之既辨文章之既昭人以為繪事之極則吾

二股翻別後字尤新異獨出

以為繪事之將窮也何則其事已成則其事將盡後此遞增遞飾之

妙

端更無可望是居其後者之不容有後也若其觀一物而藻繢之不

妙

加采章之有待人以為繪事之全矣吾以為繪事之皆備也何則其

質未定則其事方新後此以附以益之飾更不可窮是留其後者之

莫量其後也彼惡夫世之日雜其素者得吾後素之說而凡繪之內

皆有素存也夫亦可以無惡矣來爭失素之有待于繪者得吾後素

陳師洛特文　論語

之說。而凡素之先。本無繪存也。夫亦可以不爭矣。素以為絢。詩固比之繪事也。商也思之。

反覆洗出後字之義。可謂善道物理。渲染處亦極秀發。飛揚疏當。

擅場前輩也。吳荊山

氷瑩霞絢。不落人間蹊徑。自是一片妙悟所成。向實傳二兄評此文云爾。今世續讀之。信。王犖倩

繪事後

子曰繪事後素曰禮後乎

歲入興化
府學二名 陳爲餘

即繪以明其後解詩者若為禮禮發焉夫繪與禮均之後也乃於其明素絢而忽得之因知善解者貴乎善悟耳且事固有絕不相蒙

（憑空撇開而入直抉題中肯綮）

而理實堪以共証者此而不會其微無論後此難窮之緒無可通即前此偶滞之機無從釋矣蓋萬物之聚有天有人因類以為推亦即小以見大乃知理本無方非善會者不能恭其意也素絢之

（伏下大方）

云子夏竊疑之非以其混天人淆文質而立說之無其次乎予於是就詩論詩而曰繪事後素一事必有所附而後呈則雖統而言之而一先一後不容紊其序故有素而繪可為非即素而遂為繪蓋

素絲不能無色以自終而元黃朱綠乘其後亦可知萬物固有其（下截曰字已該應響）
（而出）
朔矣與意堪為讀詩者進一解也事必有所麗而後顯則雖合而
言之而為先為後不容泯其數故有素而神其繪之用非有繪而
仍如其素之原蓋純質非必藻繢而後貴而文章黼黻奪其先亦
可知人工固有其勝矣與意可為讀詩者闢一境也而予更於此
（何必緣航片帆經波）
一若神遊乎高下散殊之會而返本復古之思觥乎其欲動一若
（是分綃自然）
意周乎禮名文物之餘而竭誠盡慎之志宛乎其欲流曰禮後乎
（流然得神）
向第日用而不知耳今而思禮之為禮將以反其所由生也而貴多
貴少有先之者矣將以履其所自始也而為隆為殺有先之者矣

自朝廷邦國以逮闔門閭里繁文縟節何一不可作繪事觀以附於五采交施之義而固習焉而不察耳今而思禮之為禮運會則已日開也而汙樽土鼓不能留其所謂先矣人情則已日薄也而文采風流亦且忘其所謂先矣自朝覲會同以至周旋裼襲溯乎窮源何一不與繪事類以從乎白賁无咎之占然則子夏乃真解人矣於詩得其理而成見不存於禮會其原而天懷有獲其感發何遠而意旨何長乎蓋子寔有以起商也而何意商固有以起予也哉

官止神行是乃燥手柔時候

子曰繪事　已矣　隨題入股文　黃越

聖人以繪後解詩而禮之後併於言詩得之焉蓋繪後非禮後而禮後亦繪後也商如是言詩豈後言繪事時之所及哉子故亟與之今夫踵事而增華天地之數反本以復始聖賢之心是義也偶然而及之非有深意無端而觸之忽有會心以答問之教而時雨之化直得之訓詁之下則聖人之情於此可窺而賢人之學亦於是而可知也子夏于倩盼之詩不解於為絢之謂若與言詩是豈子之所與者上哲必由心悟既已扞格而難通下學可以言傳姑為字櫛而句釋因解之曰繪事後素以白賁潤色于文明非有素

二股旨截

以為之先而三辰何以昭其明五緯何以比其象以是知繪不在
先也以五采彰施於五色非有素以居於先而山龍藻火何自而
借後字深入中截
加華蟲粉米無因而飾以是知繪特其後也天下事無先焉者則
亦無後焉者繪後其一耳天下事有後焉者反忘其先焉者繪事
做中截必帶上文題有繪字
易見耳商也聞而感之曠然曰禮後乎三揖有拜以繪恭允纏赤

二股中截

血脈乃得貫通
綏以繪敬準此而五禮皆以繪其意之所難明商直以禮作繪觀
巳深入末截
也乎之意初未之及也豈簠簋酒醴以繪喜喪既久虞以繪哀推此
而衆禮總以繪其情之所必伸商且以禮後作繪後觀也商之意
何忽有會也予也聞而異之怡然曰起予者商也始可與言詩已

二股才截　二股束全題意前

是如此言詩文始不以之害辭〻始不以之害志不然而繪事之

首乃見只會法　定須悅題云

辭且拘牵而無以萃明而能觸類旁通如是哉如此言詩始為得

意而忘言始為得言而忘象不然而繪後之訓且往來而不能驟

釋而能心領神會若此哉下學可以言傳繪事之後不過為之字

揣而向釋上哲已能心悟禮後之悟豈復襃之扞格而難通殊非

言繪事時之所及料也

融題三截成一片隨題換講中有滚法埋伏法廻顧法細心既

之

前提後束共四股是總括中六股是換講謂之八股火概言之

○也前筆八股文○有多至十四股十六股者

子曰繪

繪事後素 二節

程世繩

因聖言而通于禮聖人嘉其能悟焉夫繪事後素夫子之言詩未及于禮也而子夏有悟焉可與言詩不信然乎且天下群爲學詩矣豈其中竟無所得哉惟所得盡于所解之中而未能緣所解以引伸其旨夫是以學詩者雖多而可與言詩者卒鮮耳嘗記子夏之以素絢爲問矣夫素與絢本相懸者也而曰素以爲絢又若一致者也夫子知商之所疑在于爲之一言矣故不與言詩之素而與言繪事之後素盖知後素者固素之所爲而風人之旨白矣君子之爲人解惑不惟旁引曲喻固如此乎而商也解矣不惟不疑于詩而併悠然有會

反而括盡題情

此句只輕点

逗有手法

深入中一層筆致超然

於禮矣夫推而論之以為經而奇曲而殺殺于天地而散于古今猶夫青黃黼黻所以為文章之觀也此其理莫不誠然然而夫子言詩初不之及矣且推而論之以為人之有是忠信藏于中至微也本乎天至朴也素也物不可以終素而于是紀以文物厥以聲名而于是乎徵者繪之而彰朴者繪之而華而天下亦遂由此絢然也此其理之棡類又莫不誠然然而夫子言詩要求之及矣夫夫子來之及而商忽及為商之有得于詩何如哉此夫子所以謂之起予謂之可與言詩也蓋因器而見理因技而見道其所得不可謂不宏然而甘受和白受采忠信之人可以學禮吾黨之所習聞莫即為商所創獲惟

乳○炬○

似對非對素素大方

章○動○言○詩○眼○光○

古○蒼○雋○淡○

足所晤者方ゝ。此所悟者忽及于彼橫斜下有意無意之間而會於可知不可知之際設非沉潛既久將進于高明者不足以語此矣即一時所得于詩猶或有盡而由此進之所得于詩者又安有紀極哉夫詩之教廣矣彼眾覩大意之人既不可與言詩而拘牽章句之學者又不足與言詩則可與言詩者惟此而已蓋夫子與商之意固在于此而非徒區ゝ較量于繪事禮後之間也

題凡三截打發最難中間若將于夏順插一筆局便渙散文以言詩結照上下一氣摶挽故無牽合補綴之痕　禹平岸

于夏之悟會心自在言先夫子之與傳神亦在言外行文尚安得

濟于言詮從字句間討生活耶中間君得禮後一語其理不越人意中撥轉言詩未及遂不覺出人意表此處關節開通末二句自不煩言而解聖嘗

繪事後　　程

子曰繪事 後乎 鄭重猷

子曰繪事 後乎

葛宗師歲取重進 仙遊縣學 鄭重猷

聖人即繪以解詩、賢者緣繪而悟禮、焉夫以素而繪、、其後者也、子夏謂礼作如是觀、其善悟也夫、且天下有事不相類、而意無不可相通、則通其意而于所未解者可得其一解、亦通其意而緣所能解者復進其一解、此聖人之取譬甚近、而賢者之會心甚遠矣、子夏何疑素以為絢乎、夫天下事之涉于為者皆其後焉矣、試思素仍其朴、一羲皇渾噩之風、猶着其華、一声名文物之會、則素其不在先乎、絢其不在後乎、夫子曰是盍取繪事以觀之哉、至寔者其素也、其始原無麗藻之堪羨、迨繪以丹青彬彬然美秀而文煥覺雅飾之可人完質者其素也其初原屬闇淡之無華迨繪以章采郁郁乎輝光流露珠覺朴陋之改觀是現繪後於素而絢之涉於為亦明矣淺假絢而非為也則必繪與素渾一致也則必素與繪兩無別也則必太素之始而白不受采已具華麗之觀則必藻繪之頃而染以色澤猶倚質寔之舊而抑知素其先也繪其後也而謂絢獨非其後乎竊意子夏方觸類而通得後素之解可知素乃無文繪乃有飾舉為絢之疑不終沉悶于寸衷熟意子夏更引伸無盡開繪事之論不惟解詩此即解礼亦由此体後素之旨忽且旁通於意外爰進而質曰吾覌繪吾知礼矣一朝覲而無拜儀

之節聘享而是揖遜之容固非所以成礼也而要皆具文焉耳今由後素而細思之夫周有存于拜跪揖遜之先者而區區具文乃其踵事而增華祭祀而登降之咸嫺燕会而周旋之有度非是無以昭礼也然此亦飾貌焉耳今由後素而類推之夫固有其于登降周旋之中者而區區飾貌詎屬創制之初意度數文章無過文平黼黻威儀裼襲恍同五采紛披曾謂繪後於素而礼独非其後乎吁夫子以繪事明素絢取譬甚近而釋疑之獲益最捷子夏以後素通礼後会心甚遠而啓悟之相長不窮宜子謂其起予而並許其可與言詩也

鄭 會

繪事後素　二節

福建張撫臺觀風
漳浦一名　藍綿琛

因繪而悟禮可與言詩者不必在詩也夫繪事之解禮後之悟皆不在詩也謂之可與言詩又豈區區一詩云乎哉（從本句）且天下之理其可與言者（逆入）皆不煩言其不煩言者幷不必執乎其言者也（直從起中向後）夫物必有所自起數必有所由生（字發論飛之把握在手）為之原始要終而萬物之情盡是矣為之溯流窮源而天地之理盡是矣區區素絢一詩子夏尚未可與言乎哉（好手法）夫子以為是不煩言也（落筆嫻敏）而與之言繪之其後也素其先也善哉子之解詩也善哉子之起商也而子夏以為是不必執乎其言也而與之言禮禮其後也禮之有意焉其先也善哉商之解繪也善哉商之起予也

〇〇〇〇〇〇〇〇、〇、氣〇筆〇閒〇暢〇〇〇〇〇〇〇〇〇〇

嗟乎如商者其所許又豈徒在素絢一詩哉君子之為學也一讀古

人書必能使天地之理萬物之情皆朗然胸中而深悉其始終源流

〇〇〇〇〇古〇氣〇

之故故其解之也不勞而其聞之也可以旁達今且以詩言繪而詩

中何莫非繪蓼莪之篇以繪孝也天保之章以繪忠也推而至於勞

人之念其家思婦之望其夫其間托物以歌咏撫景以流連何者非

繪其有溫厚和平之衷憂傷怛悼之志存於言之先者乃非繪也乃

〇長〇徵〇中〇還〇是〇從〇言〇詩〇精〇華〇發〇注〇〇

詩所以為繪地也今且以詩言禮而詩中之禮何一為素嘉賓之燕

也而有承筐之將承筐非素也兄弟之速也而有籩豆之踐籩豆非

素也推而至於清廟之祀其親明堂之配乎帝其間多士之駿奔牛

并之將享何者為素其存和樂親愛之心仁孝誠敬之意存於禮之先者乃詩所謂素也乃詩所以為禮地也由此觀之天地之理萬物（再縱一筆）即情何在無始何在無終何在無源何在無流繪其一耳禮其一耳之詩（轉）又其一耳謂之曰可與言詩固不在言繪也不在言禮也（妙絶）乎不在言詩也矣

五花八門奇變莫測